THE TREND OF
CHINA'S REFORM

中国改革
大趋势

刘 伟 主编

人民出版社

序

走向"不惑"的中国改革

中国人民大学校长　刘 伟

今年是改革开放四十周年。"四十不惑",当今中国的"精气神"已焕然一新。中国改革之路能够从"摸着石头过河"起步,来到今天可以"一张蓝图绘到底"的新历史方位,正是由于四十年来改革奋进的伟大事业不断迈上新高度,使我们满怀道路自信、理论自信、制度自信、文化自信。

"不惑",在古代意味着"遇事能明辨不疑",《论语·子罕》里说:"知者不惑,仁者不忧,勇者不惧";从今天的角度来看,含义就是"智慧而自信"。四十周年这个时间节点意味着,我们应该深入发掘中国智慧,从而更加坚定"四个自信"。

四十年,放在历史长河中只是短短一瞬,但中国却发生了天翻地覆的变化。四十年来,中国经济总量从只占全球 1.8%增长到占全球约 15%,人均收入从改革之初位居全球最低收入之列,增长到世界银行划定的中上等收入国家水平,并快速迈向高收入国家水平。四十年前，中国的劳动者 70% 以上是农民，而如今这个比例下降到 28%；中国的城镇化水平，四十年前只有 17%，而现在已达 57%。较短时间内的巨大变化，意味着很多中国历史上长期固化的结构性矛盾、根本性问题都扭转了甚至解决了，从而凸显出这段历史时期的不平凡。放宽一点历史视野看，从 1840 年中国近代史开端以来，仁人志士们就一代一代地艰辛探索着中国的前进道路，这才有了今天我们可以自信地说，一百年多来的努力没有白费，我们找到了通向中华民族伟大复兴之路。换句话说，一百多年来在道路探索的过程中，精神上曾经是"惑"过的，今天的"不惑"，来自对找到了正确道路的自信。

　　有人说中国的改革开放是个走一步看一步的过程，缺少系统的理论准备。我看事实恰恰相反。中国改革开放的思想解放、理论动员是充分的、全面的，是从哲学、科学社会主义到政治经济学全面展开的。从邓小平中国特色社会主义理论、"三个代表"重要思想、科学发展观，一脉相承，发展到习近平新时代中国特色社会主义思想，都是把马克思主义基本原理与中国改革实践相结合，并上升为理论，开拓了马克思主义中国化新境界的理论结晶。改革虽然在过程上是不断审视的，但在思想理论上始终是有扎实基础和坚定方向的。四十年来理论的发展，实际上是一个正确判断不断形成并且积累，到今天可以汇总成改革大趋势综合判断的过程。改革没有完成时，只有进行时，随着改革继续深入，中华民族伟大复兴是大势所趋，谁也阻挡不了，今天我们对此进行理论研究，可以凝结理论自信。

从世界上来看，中国通过改革开放富起来的过程也极具启发意义。一方面，改革开放带来的中国道路、中国智慧、中国方案，给世界上那些既希望加快发展又希望保持自身独立性的国家和民族提供了全新选择；另一方面，当今世界面临百年未有之大变局，传统的全球化动力日渐衰竭，贸易战等全球格局中的"开倒车"行为给世界前途带来风险和不确定性，中国以进一步扩大开放的战略举措、共同构建人类命运共同体的思想和"一带一路"的实践倡议，为世界未来注入正能量。回顾四十年来中国日益走近世界舞台中央的历程，我们能够更加坚定制度自信。

中国人民大学是中国共产党创建的第一所新型正规大学，改革开放四十周年，也是中国人民大学复校四十周年。与改革同行，中国人民大学在始终以研究党和国家发展中的重大理论问题为己任的同时，不断深化改革，探索大学服务国家的有效途径。人大重阳金融研究院是中国人民大学建立的一所新型现代化高校智库，它是改革的产物，也做到了有效服务于改革。"师者，所以传道授业解惑也"，通过这本《中国改革大趋势》，可以看到高校智库对改革历程的思考以及对改革大趋势的发现，这本书自身是文化自信的体现。

刘伟

2018 年 9 月

目 录

CONTENTS

导　论

历史与世界维度中的改革开放

　　2018 年注定是不平凡的一年，对中国来说，这一年是改革开放 40 周年，也是戊戌变法 120 周年；对世界来说，这一年是《共产党宣言》发表 170 周年，也是马克思诞辰 200 周年。站在这一年的历史方位回顾改革开放 40 周年、展望"两个一百年"伟大目标，需要把中国改革开放过程置于历史维度与世界维度之中来看。正如习近平在 2018 年 5 月 4 日纪念马克思诞辰 200 周年重要讲话中所指出的："只有在整个人类发展的历史长河中，才能透视出历史运动的本质和时代发展的方向。"

　　习近平指出，改革开放是"中国共产党人把马克思主义基本原理同中国改革开放的具体实际结合起来，团结带领人民进行建设中国特色社会主义新的伟大实践，使中国大踏步赶上了时代，实现了中华民族从'站起来'到'富起来'的伟大飞跃"。显然，只有弄明白中国的具体实际怎么理解、大踏步才赶上了的时代又怎么理解，才能真正领悟改革开放这一伟大实践的意义。

从"站起来"到"富起来"概括了改革开放四十年的历程，放在历史维度来看，"站起来"之前有个"醒过来"的过程，而"富起来"之后则指向"强起来"，因此，这是一个中国从"醒过来"到"站起来"再到"富起来"然后开始"强起来"的连续过程，而这个过程的意义，只有从世界维度才能看清。

一、世界体系与中国的"四个四十年"

"改革开放"是"改革"与"开放"的并列短语，"改革"是国内进程，"开放"是对外的。这里的开放，是对世界开放，是在全球化时代主动融入世界经济的过程。

从世界角度来看，中国通过改革开放实现崛起的根源与动力是什么？著名学者乔万尼·阿里吉（Giovanni Arrighi）在《亚当·斯密在北京——21世纪的谱系》一书中指出："与普遍的看法相反，中华人民共和国对外资的吸引力并非其丰富的廉价劳动力资源。全球有很多这样的资源，可没有一个地方能像中国那样吸引如此多的资本。我们认为，主要吸引力是这些劳动者在健康、教育和自我管理上的高素质，再加上他们在中国国内生产性流动的供需环境迅速扩大。此外，二者并不是外资创造的，而是基于当地传统的发展进程创造的，其中包括缔造中华人民共和国的革命传统。外资在该进程的后期参与进来。"① 用阿里吉的表述方式来说，在开放之前，中国就有着"传统的发展进程"，而开放是这一进程与外部世界两者之间的对接。实际上，中国人口规模长期占世界约四分之一，并且有着自身的文明传统和革命传统，可以说，在打开国门之前，自己就构成一个世界②。在这个意义上，中国崛起的根源与动力内因在于改革，外因在于开放。

美国学者伊曼纽尔·沃勒斯坦（Immanuel Wallerstein）在《现代世界体系》中认为，现代世界体系起源于 15 世纪末到 16 世纪初的欧洲，它可以被表述为"前所未有的一种社会制度"，"它像一个大帝国那样幅员辽阔"，但不是一个政治实体，而是一个经济实体。③ 在此意义上，世界的现代化过程可以被表述为现代世界体系从欧洲向世界其他地区扩展的过程。

因此，1840 年之后中国的历史进程，是中国这个"世界"与现代世界体系"两个世界"之间的互动过程，中国对于现代世界体系经历了"受到入侵—认知"→"受到压迫—反抗"→"感到落后—追赶"→"融入世界—并跑"的过程，并且在实现了"并跑"之后，原有的"传统的发展进程"开始体现出厚积薄发之势，从而助推中

---

① ［意］乔万尼·阿里吉：《亚当·斯密在北京——21 世纪的谱系》，路爱国、黄平等译，社会科学文献出版社 2009 年版，第 354 页。

② 参见［法］阿兰·佩雷菲特：《停滞的帝国——两个世界的撞击》，王国卿等译，生活·读书·新知三联书店 1995 年版，第 2 页。

③ ［美］伊曼纽尔·沃勒斯坦：《现代世界体系》第一卷，罗荣渠等译，高等教育出版社 1998 年版，第 12 页。

国在整个世界舞台上开始展现引领能力。这一历史过程可以建构为一个历史维度，其中包括五个前后相接的阶段："睁开眼"→"醒过来"→"站起来"→"富起来"→"强起来"。改革开放的四十年，在其中大体对应"富起来"阶段，前承"站起来"的阶段，后启"强起来"的新时代。

按照上述阶段划分方式梳理中国历史，可以看到，不仅"富起来"是一个约四十年的进程，它之前的三个历史进程也各为约四十年，可以合称为中国变革的"四个四十年"。

第一个四十年是中国"睁开眼"的过程，这里"四十年"是约数。1840年中国受到的侵略是"两个世界"的撞击事件，但中国人对事件性质的有效认知——正确理解外部世界所发生的变化，经历了比较长的时间。魏源从1841年起受林则徐委托编撰《海国图志》，到1852年出版完成，其间与徐继畬、冯桂芬、王韬等思想者共同提出"师夷长技以制夷"等主张，但直到1861年初同文馆的设立标志着洋务运动兴起，才表明中国有了近代化的自主实践。洋务运动的主导者是清代的部分官员，在中国社会中，只是上层中的一部分人，因此大约19世纪50年代起到1898年戊戌变法这段时间只能称为"睁开眼"去认知现代世界体系的过程。

第二个四十年是中国"醒过来"的过程，这里"四十年"是确数。1898年的戊戌变法尽管没有成功，但却是一次在全中国"士"阶层中有着广泛共鸣的社会运动，并且有着从根本上改变中国制度的一整套主张，可以认为对中国社会来说，它是已经"睁开眼"并且对现代世界体系有了明确认知的人群扩大到了整个知识分子阶层的标志。此后的辛亥革命、五四运动等一系列历史事件，都是"醒过来"的过程，但要完全实现"醒过来"，必须以整个中华民族的大觉醒为标志。

第三个四十年是中国"站起来"的过程，这里"四十年"是约数。1938 年毛泽东发表《论持久战》，所产生的最深远影响在于实现了中华民族的觉醒。在《论持久战》发表之前，"速败论"和"速胜论"流传广泛，两者论调不同，却有一个共同的认识论错误：隐含地将抗日战争的性质当作中日政权之间的战争，而非现代世界体系背景下的民族国家之间全面战争。而毛泽东在《论持久战》中指出："中日战争不是任何别的战争，乃是半殖民地半封建的中国和帝国主义日本之间在二十世纪三十年代进行的一个决死的战争。"正是由于《论持久战》，整个中国社会出现了中华民族意识大觉醒，中国人民认识到抗日战争的性质与明亡清兴这样的历史决然不同，进而将"抗日战争"的概念内化成了每一个中国人的事情，而非一部分人的事情，从而为中国"站起来"奠定了基础。1949 年中华人民共和国建立是中国"站起来"的标志，从此，自主的现代化建设才有了展开的条件。到改革开放之前，自主的现代化的建设过程使中国在工业、社会、教育、卫生等多个社会主要方面实现了"站起来"。

"富起来"的四十年，可以看作是前面三个"四十年"的延续。拿赛跑来比喻的话，可以说这是中国与先发国家在"现代世界体系"这个赛场中赛跑。中国用第一个四十年认识到自己并不在赛场中，用第二个四十年来入场，用第三个四十年来起跑，第四个四十年来追赶，并终于来到了可以"并跑"的历史新方位，并展现出了足以领跑的能力。

二、世界维度上的中国高速增长阶段

改革之初，中国确立了以经济建设为中心的基本路线，随后的四十年，占世界四分之一人口的国民人均收入从 1978 年的 160 美元增长到 2017 年的超过 8800 美元，增幅约 54 倍；中国经济占世界经济总量的比重从 1.8% 增加到 16%，增长近 8 倍，并且连续多年对全球经济增长的贡献率达到 30% 以上，稳居全球第一。

这是一个量变的奇迹，是人类历史上规模最大的高速增长过程。通过这一过程，中国的位置从"跟跑"追赶到了"并跑"。中国是如何做到这一点的？这恐怕堪称当今最重要的理论问题之一，相关研究汗牛充栋。在此，我们想强调的是，一个重要的认识基础需要厘清：外因是通过内因起作用的，中国的具体实际和改革是内因，外资和国际市场是外因。

有一个有趣而深刻的现象，关于改革的具体前进方式的论述中，能找到很多有关地形的表述，例如"摸着石头过河""下海""爬坡过坎""跨激流涉险滩"等。对于处在具体实际历史方位的人来说，这些表述都是准确生动的，描述了面对具体困难局面迎难而上的抉择：跨过去之后的具体局面将是什么，会更加顺利还是有可能更困难？其实并不确切知道，但却必须选择前进。身在其中者会觉得使用这些地形表述很自然，然而，这其实与"主流经济学"即新古典经济学的解释大异其趣。在新古典经济学的解释中，微观行为主体（企业和个人）只要根据价格信号，就会自动做出最优决策，从而市场会自动达到资源最优配置状态，因此政府要做的只是启动被称为市场化的上述自动化过程，保证价格信号真实和准确传导，经济增长就会像自动驾驶一样实现。

显然，中国实现近四十年高速增长的过程，并不适合用新古典经济学的套路解释，实际上世界上也几乎找不到能用这些套路解释的真实历史，但它们却占据了国际话语的主流。

新古典经济学的重要批判者之一——演化经济学，对经济增长过程却有一种类似中国话语的解释方式。演化经济学家理查德·纳尔逊（Richard R. Nelson）和悉尼·温特（Sidney G. Winter）在《经济变迁的演化理论》一书中认为，解释经济增长需要使用"地形学"：市场应该被看作一种可在其中进行选择的环境，有着复杂的地形，经济增长是一种纯粹的选择过程，微观行为主体只有不断在复杂地形中进行"搜寻"，并累积技术进步，才能发现利润区域，而市场的结构也会发生变化并成为经济增长的来源。①

---

① ［美］理查德·R.纳尔逊、悉尼·G.温特：《经济变迁的演化理论》，胡世凯译，商务印书馆 1997 年版，第 258—384 页。

可以看到，改革开放之路的中国话语，其实与演化经济学对经济增长的解释契合。作为"创新"提出者熊彼特在当代的理论传承者，演化经济学重视创新的作用，并且把创新视作市场本身的结构变化，这一点上，与新古典经济经济学看不到市场存在结构差别完全不同。

中国的改革历程，其实是在不断突破原有的体制机制束缚，即市场结构基础上，坚持创造新的产业链和价值链的过程，也是一个创新驱动型的经济过程。对市场结构的"破坏"与"创造"都在发挥巨大作用。因此，中国高速增长的过程，虽然是量的快速增加，但并不是在1978年技术水平上的数量叠加，而是推动技术积累和市场结构变化带来的经济形态不断演进。

通过上述认识，也能够回答另一个与"地形"有关的问题：中国会不会落入"中等收入陷阱"。

"中等收入陷阱"是2007年世界银行主题为《东亚复兴：关于经济增长的观点》的研究报告中首次提出的概念[①]。在提出初期，此概念并没有引起经济学界的关注，也未能引发政策界的深入讨论。2008年国际金融危机后，西方国家经济陷入持续低迷，中国经济增速下降，关于"中等收入陷阱"的讨论，如担心中国会不会出现长期社会不平等、增长乏力、发展止步不前等问题逐渐成了国内外

---

① I. Gill & H. Kharas, An East Asian Renaissance: Ideas for Economic Growth, Washington D.C.: World Bank, 2007.

研究热点①。

实际上，正是由于中国的经济增长来自改变市场结构，而非简单的数量积累，所以中国肯定不会落入"中等收入陷阱"。作为在当今世界人口占全球五分之一、经济总量占全球经济总量约六分之一的巨型经济体，中国的发展以及所伴随人均国民收入的上升过程，不只受到全球经济体系的制约，也会正向地改变全球经济结构和标准制定。例如一些国家因中国的投资与发展而发生命运的改变。实际上，世界上绝大多数国家都因为人口数量等原因，不具备自主改变市场结构的能力，市场本身受制于人，才是一部分国家落入"中等收入陷阱"的主要原因。

三、中国走向高质量发展阶段的世界意义

正如一个家庭富起来并不意味着饭量增加，而是意味着行为的变化，中国"富起来"的过程本质也在质变而非量变。当然，从高速增长阶段的指标来看，数量扩大是第一位的。这也是为了实现追赶，从而达到"并跑"乃至"超越"的需要。

如何解释量变引起质变的经济意义？我们认为可以借用物理学

---

① 王文：《超越"中等收入陷阱"：解决全球不平等的中国经验与方案》，《红旗文稿》2017年第23期。

中的"相变"概念。"相"是物质系统中具有相同物理性质的部分，与其他部分之间由一定的分界面隔离开来，例如在由水和冰组成的系统中，冰是一个相，水是另一个相。而物质从一种相转变为另一种相，需要经历一个过程，这个过程称为"相变"，例如冰化为水，石墨变为金刚石。相变有三个特点：一是必须经历一定时间，二是必然存在能量的吸收、释放或者热容量、热膨胀系数和等温压缩系数等的物理量的变化，三是物质的结构发生了变化。为了区别于物理学中的相变概念，我们把经济社会领域发生的结构变化称为"大相变"。

改革开放四十年历程中，发生"大相变"的时期主要体现在2012年党的十八大之后，可以称之为"中国相变期"。在中国相变期，中国经历了若干具有重大历史和世界意义的相变：在发展方式上，中国实现了从传统动能拉动到新动能驱动的"跃迁式"转换；在人民生活方面，中国人的生活轨迹已发生从内涵到目标的质变；在空间格局方面，中国出现了从人口迁移到本地崛起的布局转型趋势；在治理体系方面，中国实现了治理体系和治理方式的"系统优化升级"；在世界大局中，这五年，中国从全球关系网中的"接入者"转变为"组网者"。这些，都可以说是从一种"相"转变为另一种"相"。

从发展方式看，创新正通过对经济增长的强大推动作用，成为撬动中国动能转化的核心理念，可以借用量子力学中"跃迁"（Jumping）概念来描述中国发展方式的转变。"跃迁"是指量子力学体系状态发生跳跃式变化的过程，而中国经济的发展方式快速变化，也是从传统轨道转换到了创新驱动，正如量子力学中电子从低能态轨道向高能态轨道的跃迁。

从人民生活看，全面小康社会的脚步日益临近，人均收入水平稳步增长，消费在多元化和升级，共享经济、电子商务等新兴业态快速地改变了人们的生活，社会主要矛盾已经转化为人民日益增长的美好生活需要和不平衡不充分的发展之间的矛盾。这些，都从根本上在转变中国人的生命轨迹，为实现人的全面发展创造着条件。

从空间格局看，中国的经济地理空间结构发生了深刻的变化。京津冀协同发展、长江经济带、"一带一路"形成了区域经济发展的三大支撑带，与原有的"西部开发，东北振兴，中部崛起，东部率先"四大板块共同构成了当前中国区域经济发展的新格局。经过几年的努力，中国区域发展呈现由不平衡向趋于平衡、由不协调向日益协调转变的良好态势。可以说，这种变化为未来中国在空间结构上的长期发展做了根本性的布局。

从治理体系看，中国实现了治理体系和治理方式的"系统优化升级"。作为维护一种文明形态长远发展的国家，其自身的长治久安也就成为了文明的存续之要。对此，中国古代先贤早有论述，谓之"国之大事，在祀与戎"，或谓之"文治武功"。自然地，始终保持一套高效有力的文官和武官系统，也就成为了中国治理能力的核心所在。正如系统工程中的"优化"（Optimizing）过程目的是使系统能够减少冗余、增加稳定性、提高运行效率，文明型国家"生命体"的治理体系运行，也需要"优化"。这五年，通过党建、反腐、军改等一系列大幅度的"优化"工作，中国正在新的历史条件下重塑长治久安的基础。

而中国的世界地位变化，是中国相变期带来的最大变化，也将对中国的未来发展产生巨大影响。这种变化最具"质化"意义的方面在于：曾经，在全球版图中占面积很小的大西洋两岸区域，在充当全球经济网络中唯一的"服务器"，世界其他地区都需要先与之发生经济联系，才能"接入"到全球；而随着 2014 年 APEC 北京峰会、2016 年二十国集团（G20）杭州峰会、2017 年 5 月"一带一路"国际合作高峰论坛、2017 年 9 月金砖国家领导人峰会的四次重要会议的成功召开，中国已成为全球经济网络中新崛起的"服务器"，并且发挥着越来越重要的作用。这一过程，可以借用通信工程中的"组网"（Networking）来表述。而从世界历史与世界格局的纵横"大坐标"来看，从"单服务器格局"到"双服务器格局"，是一种"大相变"。

四、中国将引领世界历史新阶段

历经"睁开眼""醒过来""站起来""富起来"过程的中国，在改革开放 40 周年之际，站在"强起来"的新方位，放眼未来，到本世纪中叶建成社会主义现代化强国的路线图已然展开。

对于西方主导的"现代世界体系"来说，中国是另一种文明。但正因为中国既经历过被这一体系侵略、排斥的历史，又经历过融入这一体系并实现自身崛起的历程，中国才深知前进的方向何在。

中国是世界历史上唯一真正和平崛起的大国。在中国"富起来"的四十年过程中，世界上唯一没有发生、没有发动也没有参与战争的大国就是中国。这实际上突破和颠覆了以往的世界历史中"国强必霸"的规律。可以说，随着中国经济的崛起和提升，中国越强，世界陷入大国争霸格局的可能性就越低。

进入"强起来"新时代的中国，已展现出"领跑"能力。中国将为处在艰难地形中的世界指明什么方向？共建人类命运共同体是中国给出的答案。

当今世界，人类社会相互关联之紧密程度前所未有，然而全球化面临的困难与挑战之复杂也是前所未有。难民危机、恐怖主义等非传统安全问题呈现复杂化趋势，"逆全球化"浪潮深刻改变着西方政治生态。究其根源，西方中心主义的世界体系扩张之路已经走到尽头，要想走出困局，唯有在世界各国人民中结成新的合作网络，彼此理解、互学互鉴、求同存异，构建共同发展、共享繁荣的人类命运共同体。

中国已将推动共建人类命运共同体写入宪法。正如习近平主席在联合国日内瓦总部的演讲《共同构建人类命运共同体》中所指出："人类正处在大发展、大变革、大调整时期，世界多极化、经济全球化深入发展，社会信息化、文化多样化持续推进，新一轮科技革命和产业革命正在孕育成长，各国相互联系、相互依存，全球命运与共、休戚相关。"中国特色社会主义进入了新时代，高质量发展成为现代经济体系建设的核心目标。而世界也处在新的历史方位，人类共同生活在命运共同体中，全球化需要新的动力和方向，中国正在以共同发展观高质量构建人类命运共同体。

习近平对构建人类命运共同体提出了四点期待，即坚持共建共享，建设一个普遍安全的世界；坚持合作共赢，建设一个共同繁荣的世界；坚持交流互鉴，建设一个开放包容的世界；坚持绿色低碳，建设一个清洁美丽的世界。可以说，这四点期待为人类命运共同体建设指明了方向，提供了愿景。

作为人类命运共同体的第一个维度，"普遍安全的世界"体现了新安全观。当今时代，人类赖以生存的社会条件、技术条件前所未有地复杂，同时相互联系与互动也前所未有地紧密，这就使得人类面对的安全威胁日益复杂化、综合化，单打独斗、迷信武力，都不能解决现实的安全问题。这就需要倡导"共同、综合、合作、可持续"的新安全观，营造公平正义、共建共享的安全格局。

作为人类命运共同体的第二个维度，"共同繁荣的世界"体现了新发展观。不充分、不平衡的现代化是全球化面临的最大困难，要解决这一问题，就要让占全球人口四分之三以上的新兴经济体与发展中国家人民融入全球化进程，形成新的国际市场网络，共同发展繁荣。中国有着让全球五分之一人口"富起来"的发展经验，深知减贫与开放之间的关联，为创造全人类共同发展的良好条件，中国倡导"开放、包容、普惠、平衡、共赢"的经济全球化。

作为人类命运共同体的第三个维度，"开放包容的世界"体现了新合作观。作为有着五千多年文明史，又在近现代经历过从衰落到重新崛起的大国，中国发展经验证明：现代化之路必须有超越物质文明层面的文明内涵，才能行稳致远。文明之间唯有秉持"求同存异、开放包容"的新合作观，以文明交流超越文明隔阂、文明互鉴超越文明冲突、文明共存超越文明优越，才能推动各国相互理解、相互尊重、相互信任，从而实现在全球化道路上"众行远"。

作为人类命运共同体的第四个维度，"清洁美丽的世界"体现了新生态观。地球是人类共同的家园，地球只有一个，人人都在其中。中国提出的生态文明理念，从哲学高度阐明人与自然之间的关系是全方面、立体化的，不能简化为碳排放。人类活动既包括生产，也包括消费，各个环节都要肩负生态责任，坚持人与自然共生共存的理念，才能共同营造和谐宜居的人类家园，让自然生态休养生息，让人人都享有绿水青山。

第 一 章

从调整到创新：经济结构的升级之路

　　改革开放四十年来，通过推进经济结构调整和产业结构转型升级，使我国经济从粗放型发展方式转变为集约型发展方式一直是改革开放的难点和关键点。原来中国在以调整经济结构为政策目标艰难转变过程中收效并不显著。中共十八大后，中央以创新驱动增长作为政策的核心目标，尤其 2015 年以后更是结合新常态将供给侧结构性改革为经济工作的主要抓手和工作主线，大力推进"三去一降一补"，使中国经济由投资驱动到要素驱动，最终转向创新驱动增长的发展模式，中国的经济结构终于实现从以工业为主转向以服务业为主，中国经济也成功地实现了从高速增长转向高质量增长。正在构建现代经济体系。

　　习近平主席提出要在适度扩大总需求的同时，着力加强供给侧结构性改革，着力提高供给体系质量和效率，增强经济持续增长动力，推动我国社会生产力水平实现整体跃升。十九大提出为构建现代经济体系要将供给侧结构性改革作为工作主线。在创新竞争的世界形势下，深化供给侧结构性改革。

第一节　经济结构调整：四十年来的政策指向

1978年改革开放以来，中国经济从计划经济转向市场经济的过程中，经济结构调整和转型升级一直是中国经济的工作重点和重心所在。尽管在不同时期，中国的经济状况和经济发展政策有所不同，但是以调整经济结构和转变经济发展方式为目标的经济政策一直是我国经济发展政策的主线。

从发展历程来看，在从计划经济向市场经济转轨的过程中，中国经济结构从以重工业为主的"偏重"的结构逐渐向轻工业尤其是以服务业为主的"偏轻"的经济结构，实现战略性转型和升级。

从整体上来看，中国的经济结构更多地体现为产业结构的转型升级。从三次产业结构转型升级来看，中国产业结构调整的主线是在保持稳定的同时既优化三个产业之间的比重，又优化三个产业内部比重，尤其是要调整工业内部轻、重工业比重，以及制造业中的先进与落后产业，同时发展目标为妥善处理农业，逐渐重视发展工业和服务业以及大力发展高新技术产业。除此之外，转变经济发展方式的重点还在于对外开放、市场化改革和"三驾马车"的动态均衡。

中国经济结构调整和发展演进可以划分为四个阶段：

第一阶段是从1978年到1991年。改革开放之前三十年的计划经济发展阶段中，重工业优先和高度集中统一，导致重也太重、轻也太轻、农业落后、服务业太少的畸形的产业结构。不仅经济效率低下，而且形成了严重的短缺经济，不得不进行大刀阔斧的经济改革。改革开放最初五年，不仅 GDP 大幅增长 66％，而且农业占比提升，轻工业发展快于重工业，工业向轻型化方向发展。1984 年，《中共中央关于经济体制改革的决定》作为纲领性文件出台，改革开放在全国城乡全面展开，产业结构呈现工业化发展规律，农业占比下降，工业占比上升，尤其是轻工业占比提升。社会主义市场经济体制尚未建立，"双轨制"推进渐进式改革。

第二阶段是从 1992 年到 2008 年。1992 年邓小平南方谈话，中国共产党十四大召开，确定了中国经济体制改革的目标模式是社会主义市场经济体制。《中共中央关于建立社会主义市场经济体制若干问题的决定》作为中国改革的第二份纲领性文件在 1993 年颁布实施。"八五"计划指出我国经济发展的突出问题是产业结构不合理，强调把调整和优化产业结构放在突出位置。《90 年代国家产业政策纲要》在 1994 年制定，提出要按照工业化和现代化进程的客观规律推进产业结构调整，促进产业健康发展。1997 年亚洲金融危机的爆发导致产能相对过剩。2001—2008 年，"入世"带来了巨大的海外市场，也拉动了中国制造业的飞速发展，与此同时，经过了亚洲金融危机和互联网泡沫，中国经济和产业结构也开始从劳动密集型、生产密集型向技术密集型、知识密集型和资本密集型产业结构转变。

第三阶段是从 2008 年到 2012 年，经过了欧美的金融危机之后，外需疲软，中国的制造业出现了产能过剩问题，与此同时新经济也在发展中，中国提出发展战略性产业和以新材料、新能源、下一代通信技术、新能源汽车等为代表的战略性新兴产业。2013—2018 年，提出了供给侧结构性改革，突出强调创新驱动经济增长。传统的钢铁、煤炭等产业去产能，致力于发展新经济、新业态、新模式、新产业的发展，实现新旧动能转变。致力于提升服务业的发展。而且成功地实现了服务业在经济中的占比过半，首次超过工业成为拉动经济增长的引擎。

　　第四阶段是 2012 年后，我国经济步入新常态，此时的根本问题不再是总量问题而是结构问题，主要矛盾出在供给侧，因此，要通过供给侧结构性改革来提高供给的质量和效益。供给侧结构性改革要利用创新驱动将创新、劳动力、土地、资本、技术这五大生产要素重新排列组合，改造提升传统动能，培养新动能。通过振兴实体经济增强新动能，促进经济平稳健康发展，让中国经济化蛹成蝶的转型升级过程。为适应和引领经济新常态，2015 年中央经济工作会议首次提出了推进供给侧结构性改革，这是我国为适应国际金融危机发生后综合国力竞争新形势的主动选择。2016 年中央经济工作会议进一步提出供给侧结构性改革，最终目的是满足需求，主攻方向是提高供给质量，根本途径是深化改革。提出要深入推进"三去一降一补"、深入推进农业供给侧结构性改革、着力振兴实体经济及促进房地产市场平稳健康发展等。2017 年中央经济工作会议提出深化供给侧结构性改革要推进中国制造向中国创造转变，中国速度向中国质量转变，制造大国向制造强国转变。

从 1978 年改革开放之初到 20 世纪 90 年代之初，中国经济发展从计划经济开始向商品经济发展转变，中国社会的主要矛盾是人民日益增长的物质文化需求同落后的社会生产力之间的矛盾，面临着消费品长期短缺的问题。因此，中国经济发展重点在于调整生产来满足消费需求，提升基础产业的供给能力。这一时期重点发展了农业和轻工业，主要调整消费品的生产。另外由于经济的发展主要受制于基础设施和基础产业无法满足和协调配合，当时重点是强调发展基础设施和基础产业，来减少制约经济发展的瓶颈。

经过 20 世纪 80 年代的经济调整，我国扭转了消费品长期短缺的情况，第三产业得到发展，粗放型向集约型积极发展模式的转变得到重视，经济结构得到了一定程度的调整。但仍然存在经济效益低下、基础工业发展缓慢、基础工业与加工工业矛盾突出、经济大起大落的问题，为此，既要在政策上对经济结构的现存问题加以调整，大力发展基础设施和工业，提高经济效益，也要在体制上完善市场和扩大对外开放①。

1992 年邓小平南方谈话之后，市场化改革和对外开放成为经济发展的重要方向。市场经济正式成为中国经济发展的目标和方向，这一时期的经济政策在计划经济的政策基础上强调建设市场经济，同时强调市场化改革和对外开放这两方面的改革内容。继续解

---

① 马洪：《中国经济的发展问题》，《管理世界》1992 年第 2 期。

决基础产业的问题，重点发展了交通运输业、通信业、能源工业等基础产业；与此同时更加强调工业尤其是制造业的发展，更加强调机械电子、石油化工、汽车制造和建筑业等支柱产业的发展。

20 世纪 90 年代后期，我国经济发展方式逐步向集约型发展方式转变，但经济发展方式的根本转变尚未完成，传统产业的转型和经济新的增长都需要高新技术和自主创新的进一步的发展，大力推进高新技术产业和自主创新的发展成为下一个阶段的主要内容。[①]另一方面，经济全球化发展势不可当，给我国经济的发展带来了新的机遇和挑战，中国于 2001 年加入世界贸易组织（WTO），走出了自觉融入经济全球化的第一步。[②]

进入 21 世纪以来，对外开放走上了新的发展阶段，中国的各大产业在外需的拉动下都实现了飞速发展，中国经济以制造业为主的特点更加突出，传统产业的调整和高技术工业的发展成为工业调整的重点，改造改组原材料工业、轻纺工业，振兴装备制造业、电力、交通、能源等基础设施、汽车工业、建筑业等；发展电子信息产品制造业、生物产业、航空航天产业、新材料产业等高技术产业和信息化。交通运输、金融服务、信息服务等服务业作为发展重点被提上日程，深度调整经济结构，尤其是工业结构，成为这一时期经济政策的重点。

---

① 　马洪：《把开发高新技术产业放在经济发展战略全局的主导地位》，《当代财经》1996 年第 11 期。

② 　马洪：《经济全球化与中国经济》，《开放导报》2001 年第 3 期。

2008 年美国金融危机以后，中国经济发展进入了新常态，伴随着欧美的外需疲弱，中国钢铁等制造业出现了相对过剩的情况，中国以投资拉动增长的经济增长模式亟待改变，与此同时中国的个性化消费需求也日益扩大，中国经济结构要求降低工业占比的同时提升服务业占比。通过几年的结构调整，服务业逐渐超过工业成为中国经济增长的引擎，据国家统计局统计，2016 年服务业占国内生产总值（GDP）比率超过 51.6%，成为拉动中国经济增长的火车头。

供给侧结构性改革成为金融危机以来中国经济发展政策的核心，是中国经济工作的主线和抓手，推进经济结构的调整和转型升级。中国经济结构的调整走向一个更加深入的阶段。此时，发展科技教育、信息技术、高端装备、新材料、生物医药等高端制造业、高技术产业和应用新材料、新能源的新型产业是我国经济结构调整的长期主体，尤其在经济进入新常态以来，发展战略性新兴产业是经济结构调整的重要内容。

一方面改革开放以来我国的经济总量大幅度跃升，另一方面与指向调整的经济政策相对应，改革开放的四十年来我国经济发展方式发生了根本转变，从支出法计算的 GDP 来看，我国最终消费率与资本形成率之和基本等于 100%，大致上呈现此消彼长的关系。

从消费率来看，1978 年到 20 世纪 90 年代初，整体围绕 60% 稳定波动，20 世纪 90 年代，消费率略有回落后稳定增长；21 世纪前十年，消费率回落，经济发展主要由投资拉动；2010 年起又有所上升，说明经济发展向需求拉动转变，2016 年达 53.6%。

从投资率来看，1978 年到 20 世纪末，投资率均在 40%左右波动，本世纪前十年，投资率不断走高，大大拉动了 GDP，2011 年达到 48%的峰值，2016 年又回落到 44.1%，与消费率的上升相对应，说明我国经济在 21 世纪前十年进入了新的阶段。

改革开放四十年来通过对外依存度反映的贸易在中国经济中的地位总体呈上升趋势，符合对外开放的进程，尤其是在加入 WTO 以来，对外依存度增长较快，在 2006 年达到峰值接近 70%，此后缓慢回落，至 2016 年接近 40%，这一阶段的回落有金融危机的影响。大约在本世纪的前十年，投资和贸易快速发展成为经济的主要引擎，对 21 世纪前十年的经济高速增长发挥了重要的作用，而大约在 2010 年前后经济发展方式开始转变，呈现消费作用上升、投资作用减小、贸易作用回落趋稳的倾向，与经济发展的新常态相匹配。改革开放的四十年间，尤其是过去二十年，"三驾马车"对经济发展发挥了不同的作用，不能以"失衡"一概而论，其比例关系与其说失衡，不如说是一种宏观动态结构性均衡，恰恰与我国的经济发展形势相匹配。①

从产出角度看，经典的生产函数将产出分解为资本投入、劳动力投入和全要素生产率，从以上三个角度也可以分析中国过去的经济增长状况。1999—2007 年，资本在经济发展中起最重要的作用；

---

① 郭庆旺、赵志耘：《中国经济增长"三驾马车"失衡悖论》，《财经问题研究》2014 年第 9 期。

改革开放初期劳动力数量增长对经济增长的贡献较高，本世纪初已转变为质量提升对经济增长的贡献；而全要素生产率的提升在此期间较为明显，且作用越来越重要；市场化改革、城市化和基础设施的推进都对经济发展有促进作用。[①] 市场化改革在 1997—2007 年促进了我国的经济发展和全要素生产率的提高[②]，市场化改革的其他作用还有待验证。

自 2007 年开始，金融危机逐渐爆发，全球经济进入寒冬，中国的经济发展也进入新的阶段，经济新常态的背景下，经济结构调整和经济发展方式的转变都需要进行更加深入和审慎的变革。当前经济的主要问题不是周期性而是结构性的，经济发展的主要任务不再是扩大总量而是调整供给结构以适应需求。[③] 因此，将过去的调整经济结构和转变发展方式的政策指向具体地、深入地转向供给侧结构性调整，是我国经济发展新阶段的方向。为此，不仅要继续深化过去的结构调整和发展方式转变，更要将结构性改革的重点放在机制结构上，彻底地解决经济的结构性矛盾。[④]

[①]　王小鲁、樊纲、刘鹏：《中国经济增长方式转换和增长可持续性》，《经济研究》2009 年第 1 期。

[②]　樊纲、王小鲁、马光荣：《中国市场化进程对经济增长的贡献》，《经济研究》2011 年第 9 期。

[③]　王昌林、付保宗、郭丽岩等：《供给侧结构性改革的基本理论：内涵和逻辑体系》，《宏观经济管理》2017 年第 9 期。

[④]　吴敬琏：《一文读懂"供给侧结构性"改革》，2017 年 3 月 16 日，见 https://www.thepaper.cn/newsDetail_forward_1640427。

第二节　优化升级：产业结构的演变路径

改革开放四十年来，整体上看，我国产业结构朝着更加合理的方向变化。1978 年到 2016 年，工业的发展大致与整体经济的发展速度一致，其内部结构进行了持续的调整，工业增加值占 GDP 比重大致维持在 40%—50%；农业占比逐渐下降，近年来稳定在 10% 以下；自 1994 年颁布的"九五"计划以来，服务业成为经济建设的重心之一，服务业比重持续上升，随着服务业在经济中地位的逐渐凸显，服务业的政策也越来越具体和细化，2015 年，服务业增加值占比第一次超过 50%。在贡献率方面，近年来，工业与服务业对 GDP 的贡献率大致维持在 40%—50%，2015 年服务业贡献率第一次对工业贡献率实现反超；农业贡献率自 20 世纪 90 年代以来一直维持在 10% 以下的低位。服务业得到了较快的发展，产业结构渐趋合理。就业方面，1978—2016 年农业就业人口比重持续下降，工业和服务业比重持续上升，尤其是服务业就业人口比重增长很快，2016 年，服务业就业人口占比达 43.5%，工业和农业就业人口均在 28% 左右，工业略高于农业。就业结构也在不断跟随产业结构进行调整，带有明显的工业化特征。

工业内部转型升级方面，1978 年到 1992 年，"六五"计划和"七五"计划强调工业生产满足需求，调整轻重工业结构和比例，轻工业比重略有上升，1992 年占比约 50%；另外，这一时期的基础设施和产业是发展政策的重点，基础设施的改善逐步减少了对于整体经济发展的限制。1992 年到 21 世纪初，逐步完善社会主义市场经济体制，继续进行经济建设成为重要的任务，基础产业仍然十分重要，机械电子、石油化工等工业作为支柱产业被重点强调，重工业比重持续上升。新世纪以来至 2011 年，工业结构的调整方向转向高技术工业和新兴产业，与此同时，重工业比重继续上升，达70% 左右，工业持续重工业化；1978—2011 年，制造业比重略有下降，2011 年占工业比重约为 70%。"十一五"末期，我国总体上已经进入了工业化中期阶段①。但与此同时，区域工业化的发展仍然不平衡，2010 年，北京、上海已经迈入后工业化阶段，长三角、珠三角、环渤海和东北地区处在工业化后期，中部六省、大西南和大西北还处在工业化中期。②"十二五"和"十三五"针对工业结构的调整提出了更高的要求，这一部分成为"十二五"和"十三五"的工作重点，经济新常态下与供给侧结构性改革相匹配，推出了国家制造战略、"十三五"国家战略性新兴产业发展规划等深度调整工业结构的政策文件。

纵观改革开放四十年中国的经济发展政策，稳定农业、调整工业、促进服务业是三个产业之间结构调整的整体方向。另外，工业内部的结构调整也是一以贯之的主线之一，发展科技和高技术产

---

① 金碚：《中国工业的转型升级》，《中国工业经济》2011 年第 7 期。

② 黄群慧：《中国的工业化进程：阶段、特征与前景》，《经济与管理》2013 年第 7 期。

业、促进工业内部转型升级、巩固支柱产业等均为工业内部的调整手段。对外开放和市场化改革是改革开放后决定了经济发展方向的重要举措，中国的发展方式得到转变。

第三节 新常态：结构转型中的机遇与挑战

推进供给侧结构性改革，是我们党适应和引领经济发展新常态的重大创新，是对中国特色社会主义政治经济学的丰富发展，具有科学的体系和丰富的内涵。

中国经济面临下行压力主要是供给侧的问题，需要进行结构调整和升级：一是外部需求弱，导致出口放缓，产能过剩；二是面临刘易斯拐点，人口红利减弱，成本攀升；三是粗放型经济，环境承载力弱，雾霾严重；四是企业高负债，金融风险过大，杠杆率高；五是存在资产泡沫多，部分房地产库存大。总结为一句话，面对中国经济步入新常态，供给侧结构性改革正是历史地、辩证地认识我国经济发展的阶段性特征，准确把握经济发展新常态。

从消费需求看，过去我国消费具有明显的模仿型排浪式特征，现在模仿型排浪式消费阶段基本结束，个性化、多样化消费渐成主流，保证产品质量安全、通过创新供给激活需求的重要性显著上升，必须采取正确的消费政策，释放消费潜力，使消费继续在推动经济发展中发挥基础作用。

从投资需求看，经历了多年高强度大规模开发建设后，传统产业相对饱和，但基础设施互联互通和一些新技术、新产品、新业态、新商业模式的投资机会大量涌现，对创新投融资方式提出了新要求，必须善于把握投资方向，消除投资障碍，使投资继续对经济发展发挥关键作用。其中新产业、新业态、新动能成为中国经济新引擎。

从出口和国际收支看，国际金融危机发生前国际市场空间扩张很快，出口成为拉动我国经济快速发展的重要动能，现在全球总需求不振，我国低成本比较优势也发生了转变，但我国出口竞争优势依然存在，高水平引进来、大规模走出去正在同步发生，必须加紧培育新的比较优势，使出口继续对经济发展发挥支撑作用。

从生产能力和产业组织方式看，过去供给不足是长期困扰我们的一个主要矛盾，现在传统产业供给能力大幅超出需求，产业结构必须优化升级，企业兼并重组、生产相对集中不可避免，新兴产业、服务业、小微企业作用更加凸显，生产小型化、智能化、专业化将成为产业组织新特征。

从生产要素相对优势看，过去劳动力成本低是最大优势，引进技术和管理就能迅速变成生产力，而现在人口老龄化日趋严重，农业富余劳动力减少，要素的规模驱动力减弱，经济增长将更多依靠人力资本质量和技术进步，必须让创新成为驱动发展新引擎。比如人工智能、机器人产业发展成为新经济重要组成部分。

从市场竞争特点看，过去企业主要是数量扩张和价格竞争，现在正逐步转向以质量型、差异化为主的竞争，同时统一全国市场、提高资源配置效率是经济发展的内生性要求，必须深化改革开放，加快形成统一透明、有序规范的市场环境。

从资源环境约束看，过去能源资源和生态环境空间相对较大，现在环境承载能力已经达到或接近上限，必须顺应人民群众对良好生态环境的期待，推动形成绿色低碳循环发展新方式。从根本上实现经济结构调整和转型升级，打赢蓝天保卫战，减除雾霾，通过经济和金融手段来实现绿色发展。

从经济风险积累和化解看，伴随着经济增速下调，各类隐性风险逐步显性化，风险总体可控，但化解以高杠杆和泡沫化为主要特征的各类风险需要一段时间，必须标本兼治、对症下药，建立健全化解各类风险的体制机制。

从资源配置模式和宏观调控方式看，全面刺激政策的边际效果明显递减，既要全面化解产能过剩，也要通过发挥市场机制作用探索未来产业发展方向，必须全面把握总供求关系新变化，科学进行宏观调控。

总之，这些趋势性变化说明，我国经济正在向形态更高级、分工更复杂、结构更合理的阶段演化，经济发展进入新常态，正从高速增长转向中高速增长，经济发展方式正从规模速度型粗放增长转向质量效率型集约增长，经济结构正从增量扩能为主转向调整存量、做优增量并存的深度调整，经济发展动力正从传统增长转向新的增长。

第四节 "创新竞争"要求存量创新和新动能

习近平总书记在中央财经领导小组第十二次会议上的讲话中指出，供给侧结构性改革的根本目的是提高社会生产力水平，落实好以人民为中心的发展思想。要在适度扩大总需求的同时，去产能、去库存、去杠杆、降成本和补短板，从生产领域加强优质供给，减少无效供给，扩大有效供给，提高供给结构适应性和灵活性，提高全要素生产率，使供给体系更好适应需求结构变化。

2018 年既是全面贯彻落实十九大精神的开局之年，也是改革开放四十周年，更是供给侧结构性改革的深化之年。面对复杂多变的国际形势、创新竞争的世界局势以及国内经济结构的突出问题，我国在发展方式转变、结构转型升级、经济动力转换等方面也进入了攻坚期，只有通过创新引领供给侧结构性改革，中国经济方能行稳致远，实现高质量发展。

自工业革命以来，创新所带来的产业革命，引领世界经济不断向前发展。21 世纪以来，全球步入高度研发时代，创新竞争早已蓄势待发。美国跨界大王马斯克（Elon Musk）在上大学时就思考这个世界面临的真正问题是什么，以及影响人类未来的是什么，最终他将注意力集中在了互联网、可持续能源和空间探索上，并在这三个领域依次扔下贝宝（Paypal）网络钱包、高端电动跑车特斯拉和大运力超级火箭猎鹰三个重型炸弹，并计划发射卫星以构建覆盖全球的卫星通信网络。

创新引领未来，加入这场创新竞争的不只是科学家和企业家，很多国家也纷纷加入。制造业强国德国提出工业 4.0 战略实施计划，"无人工厂"开启智能化生产，掀起新一代革命性技术创新浪潮。英国以其老牌创新型国家深厚的科学和人文为根基，先后设立 11 个"弹射"创新中心，牢牢扎根世界创新强国土壤之中。以中、日为核心的亚洲创新崛起也不容小觑。日本作为创新界"隐形王者"，在大数据云计算，新材料，资源再利用等多领域达到世界第一水平。中国研发投入 GDP 占比快速跃升超过 2.2%。无人机、移动支付、共享单车等科技应用给生产生活带来无限商机，层出不穷的创新带来日新月异的科技变革，独角兽企业悄然兴起，共享经济、数字经济加速发展。

在互联网、人工智能时代，创新已成为决定全球格局的关键因素。只有以供给侧结构性改革为主线，进行制度创新，激发创新潜能，提升科技竞争和经济创新力，培育新动能，才能保障经济长期稳定增长。

供给侧结构性改革是为适应和引领经济新常态，在总结实践经验基础上所进行的科技创新、制度创新、理论与实践创新。

理论创新要突破。结合实践开展创新，既不能照搬萨伊定理、拉弗曲线，也不搞英美供给革命，而是要结合中国国情，开展有理论创新和实践创新的中国特色供给侧结构性改革。

制度创新是关键。供给侧结构性改革是针对体制机制存在的问题进行改革，激发供给侧效率和效能，适应和满足需求的变化。如土地三权分置改革，是联产承包责任制后的又一次制度创新，有助于激发创造力，提高农业生产力。

科技创新是引擎。供给侧结构性改革，无论是产品创新还是新产业培育，产业结构优化转型升级都离不开科技创新。通过科技创新增强供给的质量和效能，将培养和催生新动能。发挥科技作为第一生产力的关键作用。

构建创新型国家要瞄准世界科技前沿，强化基础研究，实现前瞻性基础研究、引领性原创成果重大突破。要加强应用基础研究，拓展实施国家重大科技项目。深化科技体制改革，构建创新型国家的制度供给，建立以企业为主体、市场为导向、产学研深度融合的技术创新体系。倡导创新文化，强化知识产权创造保护运用。培养造就大批具有国际水平的创新人才团队。

在推进供给侧结构性改革过程中，要处理好三大关系：

首先，供给侧结构性改革要理顺政府与市场的关系。发挥市场在资源配置当中的决定性作用，更好地发挥政府作用。全面深化各领域改革，加快推进基础性、关键性改革，增强内生发展动力。用市场化、法制化手段，淘汰产能过剩行业的不合规企业。简政放权、放管服改革，提供良好环境。

其次，供给侧结构性改革要处理好新旧动能转换的关系。要以创新思维、模式、技术、方法来改造存量，提升传统动能，培育新动能。以山东省为例，山东投资和消费分别排在全国第一、第二，GDP 排在第三，进出口发展潜力巨大。山东新旧动能转换的综合改革试验区建设要采取三种方式，化解过剩产能拓展动能转换新空间，发展新兴产业培育壮大新动能，提升传统产业改造形成新动能。既要创新培育新产业壮大新动能，又要用创新改造提升传统产业的动能。发展高端装备、现代海洋产业等，实现新旧动能转换。

最后，供给侧结构性改革要处理好长短期、局部整体的关系。长期利益与短期利益的关系，局部利益与整体利益的关系，兼顾国内与国外的形势。加快新旧动能转换，要在国际国内宏观经济形势下推进供给侧结构性改革。

附表：改革开放四十年重要经济发展政策和事件①

日期	文件名称 / 重大事件	主要内容
1975 年 1 月	《1976—1985 年发展国民经济十年规划纲要（修订草案）》（"五五"计划没有单独编制，而是安排在十年规划之中）	发展农业；发展燃料、动力、原材料工业；到 1980 年要基本实现农业机械化
1982 年 12 月 10 日	《中华人民共和国国民经济和社会发展第六个五年计划（1981—1985）》	发展工业、农业；调节生产满足消费需求；调整轻重工业结构和比例；发展科技；节能环保；发展对外贸易；农业、能源交通和教育科学作为战略重点；基本建设投资重点用于能源和交通运输建设

---

① 各文件来自于国务院、商务部、中国网、中国共产党新闻网和新华网等网站。

日期	文件名称 / 重大事件	主要内容
1985 年 9 月	《中华人民共和国国民经济和社会发展第七个五年计划（1986—1990）》	改善农业和轻重工业内部结构；加快能源、交通、通信和原材料工业的建设；发展科学教育；加快第三产业发展；应用新技术改造传统产业、发展新兴产业
1989 年 3 月 15 日	《国务院关于当前产业政策要点的决定》	调整产业结构、防止经济滞胀；重点支持农业、农用工业、轻工、纺织业、基础设施和基础工业（交通运输业、邮电通信业、能源工业、原材料工业中的部分产业）、机械、电子工业、高技术产业、出口创汇效益好的产品等
1991 年 4 月	《中华人民共和国国民经济和社会发展第八个五年计划纲要（1991—1995）》	调整产业结构；重点发展农业、基础工业和基础设施（能源、交通、通信、重要原材料和水利等）；改造加工工业；发展电子工业；发展建筑业和第三产业
1992 年初、1992 年 10 月	邓小平南方谈话、江泽民在中国共产党第十四次全国代表大会上的报告	解放和发展生产力；发展才是硬道理；经济发展快一点；计划和市场都是经济手段；发展科技教育。建立和完善社会主义市场经济体制；对外开放；调整和优化产业结构，高度重视农业，加快发展基础工业、基础设施和第三产业；发展科技教育

续表

日期	文件名称 / 重大事件	主要内容
1994 年 3 月 25 日	《90 年代国家产业政策纲要》	发展农业和农村经济；加强基础产业（交通运输业、通信业、能源工业等）；发展支柱产业（机械电子、石油化工、汽车制造和建筑业）；调整对外经贸结构；加快高新技术产业发展；大力发展第三产业；优化产业结构
1995 年 6 月 20 日	《指导外商投资方向暂行规定》《外商投资产业指导目录》	鼓励外商投资农业和基础工业建设、高新技术产业、扩大出口的产业、资源利用效率高的、发挥中西部优势的项目
1996 年 3 月 17 日	《中华人民共和国国民经济和社会发展第九个五年计划纲要（1996—2000）》	经济体制改革；对外开放；向社会主义市场经济体制转变；加强农业基础地位；发展基础设施和基础工业；重点加强农业，水利、能源、交通、通信，科技、教育；振兴支柱产业（机械、电子、石油化工、汽车工业、建筑业等），培育高技术产业；积极发展第三产业(发展旅游、信息、咨询、技术服务、法律服务和会计服务等新兴产业；规范和发展金融、保险业；引导房地产业健康发展)
1997 年 12 月 29 日	《当前国家重点鼓励发展的产业、产品和技术目录》	重点发展农林、水利气象、煤炭、电力、核能、石油天然气和铁路方面的部分产业、产品和技术

续表

日期	文件名称/重大事件	主要内容
2001年3月15日	《中华人民共和国国民经济和社会发展第十个五年计划纲要（2001—2005）》	调整农业、工业结构；工业改组改造（原材料工业、轻纺工业、振兴装备制造业、电力、交通、能源等基础设施、汽车工业、建筑业）；发展高技术产业；信息化工业化；加快发展服务业（住房、旅游、商业零售业和餐饮业、金融保险、文化体育产业、运输物流、中介服务、信息服务、社会服务等产业）
2001年11月10日	中国加入WTO	对外开放进入了一个全新的阶段
2005年12月2日	《促进产业结构调整暂行规定》	巩固和加强农业基础地位；加强能源、交通、水利和信息等基础设施建设；以振兴装备制造业为重点发展先进制造业；加快发展高技术产业；促进服务业全面发展；发展循环经济；调整区域产业布局；提高对外开放水平
2006年3月16日	《中华人民共和国国民经济和社会发展第十一个五年规划纲要（2006—2010）》	加快高技术产业发展（电子信息产品制造业、生物产业、航空航天产业、新材料产业）；振兴装备制造业、优化能源工业、调整原材料工业、提升轻工业和纺织业；服务业方面优先发展交通运输业，发展金融服务业、信息服务业，发展商务、商贸服务业、房地产业、旅游业、社区服务业、体育产业

续表

日期	文件名称 / 重大事件	主要内容
2007 年 3 月 27 日	《国务院关于加快发展服务业的若干意见》	优先发展运输业，发展信息服务业、金融服务业、商贸服务业；发展社会公共服务、发展旅游、文化、体育和休闲娱乐业，促进自主创业、吸纳就业
2008 年	美国次贷危机引发金融危机波及欧美，影响全球经济	全球经济、金融受到冲击，世界经济寒流
2011 年 3 月	《中华人民共和国国民经济和社会发展第十二个五年规划纲要(2011—2016)》	促进经济增长向依靠消费、投资、出口协调拉动转变；巩固农业基础地位；优化工业结构、发展新兴产业，调整装备制造业、船舶、汽车、冶金建材、石化、包装、电子信息、建筑行业；重点发展节能环保、新一代信息技术、生物、高端装备制造、新能源、新材料、新能源汽车等战略性新兴产业；提升服务业增加值比重，拓展金融服务业、发展现代物流业、发展高技术服务业、商务服务业、生活性服务业等
2013 年 11 月	党的十八大及十八届三中全会经济结构实现战略性调整	提出经济结构战略性调整，实现绿色、开放、共享、创新、协调的发展方式

续表

日期	文件名称/重大事件	主要内容
2015 年	习近平提出"中国经济新常态"的重要论述，并结合新常态提出深入推进供给侧结构性改革	结合新常态，提出去产能、去库存、去杠杆、降成本、补短板为主线的"三去一降一补"，以钢铁和煤炭行业为主推进"三去一降一补"的供给侧结构性改革，旨在提质增效，解放和发展生产力
2015 年 5 月 19 日	《国家制造战略》	制造强国建设；重点提高制造业创新能力；推进信息化和工业化深度融合；强化工业基础能力；质量品牌建设；推行绿色制造；瞄准新一代信息技术、高端装备、新材料、生物医药等战略重点；推进结构调整；积极发展服务型制造业和生产性服务业；提高国际化发展水平
2016 年 3 月	《中华人民共和国国民经济和社会发展第十三个五年规划纲要（2016—2020）》	结构深度调整、振兴实体经济；供给侧结构性改革，壮大新兴产业；改造传统产业；科技创新2030；实施工业强基工程；发展新型制造业（航空航天、海洋工程和船舶、先进轨道交通、高档数控机床、机器人、现代农机、高性能医疗器械、现代化工成套装备）；发展服务业（从生产性服务业专业化、生化性服务品质提升、完善服务业发展体制政策）

续表

日期	文件名称/重大事件	主要内容
2016年11月29日	《国务院关于印发"十三五"国家战略性新兴产业发展规划的通知》	发展信息技术产业（网络强国、"互联网+"行动、大数据战略、信息技术核心产业人工智能、网络经济管理）；促进高端装备和新材料产业突破（智能制造、航空产业、卫星及应用产业、轨道交通装备、海洋工程装备、新材料）；加快生物产业创新发展；推动新能源汽车、新能源和节能环保产业快速壮大；促进数字创意产业蓬勃发展；促进战略性新兴产业集聚等

第 二 章

从平地到高楼：中国金融的崛起之路

今年是改革开放四十周年，俗话说"四十不惑"，我国的改革开放也已经从开始时的摸着石头过河，进入了更加重视顶层设计的新时代。金融是大国重器，是大国崛起的重要支柱和必要条件。在我们进入新时代的今天，金融对于我国科技和实体经济的快速发展、供给侧改革、"一带一路"建设等重大方面，起着越来越重要的作用。通过梳理改革开放以来我国金融的发展，不仅是展示已经取得的重大成就，更重要的是总结经验、梳理思路，为我们尽快实现金融强国的梦想指明方向。

第一节　从无到有，与改革同步发展之路

改革开放前，中国的计划经济是一种高度集中的经济体制。在

该体制中，中央政府直接控制了全社会的经济剩余，绝大部分投资来自于中央政府的预算拨付，银行系统只负责提供少量的短期贷款。在这样"大一统"的计划经济体系中，居民没有多少储蓄资源，也不需要银行体系来配置贷款，甚至在名义上，中国人民银行直接隶属于财政部，国有银行也失去了其独立性。

中国改革开放四十年中，经济体制改革使分权化背景下积累的大量民间金融资源得以释放，与此同时，通过对银行体系进行重组并在银行内部推行经营体制改革，把以财政部门为主导的传统的资金流动模式转变为以金融部门为主导的以市场为导向的资金流动模式，进而促成了金融发展。随着财政部门控制金融资源的能力逐渐弱化，金融部门调控金融资源的能力逐步提升，由此形成了"弱财政"和"强金融"的格局，中国的金融发展经历了从无到有的过程。

从 1978 年改革开放到 2012 年，我国金融的发展经历了两个阶段。在第一个阶段，我国过去的高度集中的金融体系逐渐被突破，以央行为中心，国有商业银行为主体，多种机构并存的金融格局初见雏形。在第二个阶段，我国金融秩序进一步规范，分业经营、分业监管的金融格局逐渐形成。

一、改革开放后到 20 世纪 90 年代初期的金融发展

1978—1993 年可以视为我国金融发展的一个阶段。在这一阶

段，我国过去的高度集中的金融体系逐渐被突破，新的金融格局初见雏形。

1978 年，党的十一届三中全会揭开了我国改革开放的历史序幕，金融改革提上了议事日程。

（一）建立独立经营、实现企业化管理的专业银行。1979 年 2 月，为适应首先开始于农村的经济体制改革，振兴农村金融事业，加快农业的发展，遂再次恢复中国农业银行；中国人民银行的农村金融业务全部移交中国农业银行经营。1979 年 3 月，专营外汇业务的中国银行从中国人民银行中分设出来，完全独立经营。这是适应对外开放和对外经济往来迅速发展要求的必然结果。同年，中国人民建设银行也从财政部分设出来。

（二）外资银行的引入进一步深化改革开放。由于对外开放的需要，提出了外国金融机构设立驻华办事处的问题；由于特区的建立，提出了外资、侨资、合资在特区设立银行和外资银行在华设立分支机构的问题。1980 年开始允许外国金融机构设立驻华办事处；特区外资、侨资、合资银行从 1981 年开始开设；90 年代初，从浦东开发区开始，允许外资银行在华设立分支机构。

（三）"大一统"金融体制转化为中央银行体制。"大一统"金融体制向多类型、多层次的格局演变，使得金融领域中协调、疏导、管理的问题上升到了一个重要的位置。由于原来不独立的金融机构独立了，原来没有的金融机构出现了，并且还有着继续扩展的趋势，这就使得金融领域中协调、疏导、管理的问题上升到一个重要的位置。再加上外国金融机构在华的活动和外资、侨资在华设立银行的问题，更加重了金融管理的任务。

在这样的背景下，1983 年 9 月国务院决定：中国人民银行专门行使中央银行的职能；另设中国工商银行办理中国人民银行原来所办理的全部工商信贷业务和城镇储蓄业务。

二、1993—2012 年的金融发展

1993—2012 年这一阶段我国的金融改革是从整顿金融秩序入手的。1993 年 11 月，党的十四届三中全会明确提出要在 20 世纪末初步建立起社会主义市场经济体制，并要求加快金融体制改革。1993 年 12 月，国务院《关于金融体制改革的决定》明确提出了我国金融体制改革的目标，为我国金融发展指明了方向。

（一）分离政策性金融和商业性金融，建立以国有商业银行为主体、多种金融机构并存的金融组织体系。

从 1994 年起，金融体制市场化改革全面推进。该年成立三家政策性银行，即国家开发银行、中国进出口银行和中国农业发展银行，实现了政策性业务与商业银行业务的分离。

（二）将中国人民银行办成真正的中央银行，确立强有力的宏观调控体系；同时逐步改革金融监管体系，健全金融法规，强化金融监管管理。

1995 年，《中华人民共和国中国人民银行法》《中华人民共和

国商业银行法》《中华人民共和国票据法》和《中华人民共和国担保法》等金融法律相继颁布实施，初步形成了中国金融法律体系的基本框架。

在金融监管制度方面，对金融业实行分业经营和分业监管。到1998年11月，建立了中国人民银行负责货币政策和银行业监管、中国证券监督管理委员会负责证券期货业监管、中国保险监督管理委员会负责保险业监管的分工明确、密切配合的金融管理体制。2003年4月，成立了中国银行业监督管理委员会，分离了中国人民银行对银行类金融机构的监管职能，形成了"一行三会"的金融管理体制。

第二节　从点到面，努力开创现代金融体系建设新局面

金融是国家重要的核心竞争力，党中央高度重视防控金融风险、保障金融安全。党的十八大以来，在以习近平同志为核心的党中央领导下，面对国际金融危机持续影响和国内经济"三期叠加"的严峻挑战，金融系统大力推进改革创新，切实加强宏观调控和金融监管，金融机构实力不断上升，金融产品日益丰富，金融服务普惠性提高，多层次金融市场逐步健全，金融基础设施日趋完善，金融体系防控风险能力显著增强。

一、深化银行业改革

(一) 大型国有商业银行股改上市

推进大型国有独资商业银行进行股份制改造，除了可以筹集资本外，更重要的是可以按照现代企业制度建立公司治理结构，提升透明度。2003 年以来，中行、建行、交行、工行、农行陆续进行股份制改革并成功上市，初步建立了相对规范的公司治理结构，内部管理和风险控制能力不断增强，市场约束机制明显增强，资产规模和盈利水平均位居全球前列。2016 年末，商业银行资本充足率13.3%、拨备覆盖率176.4%，资本充足率显著提高。2011 年以来，中行、工行、农行和建行先后入选全球系统重要性银行（G-SIBS）。改革的实践充分证明，党中央关于大型商业银行改革的重大决策部署是完全正确的。

(二) 农村信用社改革深入推进

20 世纪初，农村信用社资产占到金融系统总量的 10% 左右，不良资产在 50% 左右。2002 年末，全国共有农村信用社 2535 个，其中 97.8% 资不抵债。为克服农村金融服务不断萎缩和农村金融机构可持续发展能力薄弱的问题，国务院改革设计了正向激励机制，把中央银行专项贷款和专项票据的兑付与农村信用社实际改革成效相挂钩，充分调动地方政府和农村信用社的积极性，引导农村信用社逐步"上台阶"。在正向激励约束机制作用下，农村信用社资产质量、盈利能力、支农资金实力、可持续性经营能力均得到明显提高。2016 年末，全国农村信用社资本充足率 11.6%，与 2002 年相比提高了 20.1 个百分点。农村信用社自 2004 年实现首次轧差盈利后，利润总额快速增长，2016 年末，累计实现盈利 13437 亿元。

二、稳步推进利率市场化改革

利率市场化改革的要点是体现金融机构在竞争性市场中的自主定价权，通过差异化定价优化资源配置。实现利率市场化是一个长期过程。进入 20 世纪后，中国人民银行按照"放得开，形得成，可调控"的原则，"先贷款后存款，先大额后小额，先外币后本币"的总体思路，稳步推进利率市场化，着力完善市场化的利率调控传导机制，给予金融机构更大利率定价自主权，充分发挥市场在资源配置中的决定性作用。2006 年，中国人民银行组织构建了上海银行间同业拆放利率（SHIBOR），为各类金融产品交易定价发挥了基准作用。同时，为了加快推进利率市场化改革，分别于 2013 年和 2015 年放开了贷款利率下限和存款利率上限管制。2015 年存款利率上限的最终放开，标志着我国持续 20 多年的利率市场化基本完成，这在利率市场化改革以及整个金融改革历史上都具有里程碑意义。

在推进利率市场化的同时，货币政策调控框架也在逐步从数量型为主向价格型为主转型。在利率市场化逐步推进的背景下，中国人民银行在探索构建利率走廊机制方面取得了很好的效果。例如，为稳定短期利率，持续在 7 天回购利率上进行操作，通过开展常备借贷便利操作，按需足额提供短期流动性支持，探索发挥其利率作为利率走廊上限的作用。

三、推动人民币国际化实现新突破

在持续多年的市场化改革基础上，金融改革发展开始加大国际化的步伐，以前是不具备这个条件的。最近几年，我国抓住有利时机，顺应市场需求，稳步有序推进人民币国际化。

中国人民银行按照党中央、国务院部署，顺势而为，沿着"逐步使人民币成为可兑换货币"的长期目标，进一步减少不必要的行政管制和政策限制，陆续推出人民币合格境外机构投资者、人民币合格境内机构投资者、沪港通、深港通、基金互认、债券通等创新制度安排，完善人民币国际化基础设施体系。2015 年，国际货币基金组织（IMF）执行董事会认定人民币为可自由使用货币，决定将人民币纳入特别提款权（SDR）货币篮子，并于 2016 年正式生效。这是人民币国际化的重要里程碑，对中国和世界是双赢的结果。

第三节　从一到多，建设多层次资本市场的重点与难点

2003 年党的十六届三中全会《中共中央关于完善社会主义市场经济体制若干问题的决定》，明确提出要"建立多层次资本市场体系，完善资本市场结构，丰富资本市场产品"。最初建设多层次资本市场的想法相对比较简单，定义的层次少一些，当时主要建设主板市场和创业板市场，后来逐步认识到，需要建立一个更丰富的多层次资本市场乃至多元化的金融体系。21 世纪以来，按照多元化的方向，全面推动由债券市场、货币市场、外汇市场、黄金市场、股票市场等构成的，分层有序、互为补充的金融市场体系规范创新发展。同时，积极探索发展开发性金融，推动设立民营银行，积极稳妥地发展互联网金融，这些都反映了当前我国金融改革发展所处阶段的多元化特点。

经过二十年的发展，中国资本市场已初步建立了包括沪深主板、中小企业板、创业板、代办股份转让系统的资本市场体系。虽然中国资本市场发展取得了长足的进步，但在体系建设、运行效率和体制机制等方面仍存在诸多问题，如沪深两主板的分工定位，三板市场的扩容发展，场外市场的存废，各板块之间的衔接发展等问题，亟须明确定位和解决。随着我国经济和金融国际化程度的加深，财富资本的大量产生和不断流入，造成了近些年来较高的通货膨胀率，给经济和金融带来了一定的负面影响。解决

这些问题的重要途径是我国需要建立一个更加强大的资本市场体系，高效调度和配置资本，将资本长期聚拢并真正流向实体经济，成为世界核心的金融中心，推动国民经济持续阔步发展，实现伟大复兴。因此，建立一个更加完善高效的多层次资本市场成为重要的战略选择。

一、我国发展多层次资本市场的必要性

（一）发展多层次资本市场是解决中小企业融资难的重要手段

随着中小企业的发展壮大，融资成为企业稳定发展的重要手段，但是与中小企业为我们做出的经济贡献不相匹配的是，中小企业难以得到充分的资金支持。企业融资通常分为债权性融资和权益性融资。在债权融资方面，银行贷款是中小企业最主要的融资方式，然而，由于中小企业自身存在诸多缺陷，风险高，难以获得担保，银行出于贷款风险的考虑，不愿意向中小企业发放贷款。而非正规的民间借贷成本相对银行贷款要高得多，操作并不规范，很容易引起经济纠纷，给中小企业正常运转带来诸多不便。

由于债权融资难以充分解决中小企业融资难的问题，因此权益性融资将发挥重要作用。中小企业板和创业板的建立并由此带动的风险投资的发展，使得中小企业权益性融资的渠道有所拓宽，融资难得到改观。

（二）发展多层次资本市场是解决风险投资退出的重要渠道

风险投资是资金以股权投资的方式，投入到高成长、高风险企业，以期通过上市或其他方式退出，获得高额回报的一种投资方式。风险投资对一国科技创新能力的提升及新兴产业的培育发展具有重要的意义。

风险投资退出渠道有如下四种：首次公开募股（IPO）、股权转让、股份回购、破产清算。其中，最重要、最理想的退出渠道是IPO退出。2004年以前，由于中小板还没建立，我国风险投资项目大多通过股权转让方式退出，2004年以后，随着中小板的推出，风险投资IPO退出渠道得到一定的拓宽，风险投资随之进入快速发展阶段。

（三）发展多层次资本市场是优化金融市场结构和企业融资结构的重要手段

经过改革开放以来四十年的发展，我国金融体系已较为健全，各种金融机构已基本齐全，但金融市场融资结构仍然存在很大的不均衡现象。我国的金融市场融资结构是以银行体系为核心，以直接融资和金融市场融资为辅助的银行主导型金融结构。从实践来看，间接融资占主导地位的融资格局限制了社会融资的发展，约束着众多融资企业的活力，不仅使企业保持着较高的负债率，增加了筹资成本，难以有效地迅速发展壮大，也将限制金融创新能力，导致经济风险和金融风险过度集中在银行体系，对国家金融安全和经济安全构成威胁。为此，要提高直接融资比例，促进不同类型市场合理发展，建立有利于各类企业的资金筹集的多层次资本市场体系。

二、我国构建多层次资本市场正面临三个方面的难点和风险

（一）我国潜藏的金融风险不容忽视

2017 年是 2007 年金融危机发生后的第十个年头，但是其带来的广泛影响仍然没有消除，许多学者从各个方面对于其产生的根源性原因进行了研究，但更多的是从周期波动的角度去解释金融危机的产生。具体来说，经济周期与信贷周期往往同周期波动，信贷扩张往往出现在经济景气时期；在信贷扩张周期，金融机构保持其有动机投资高风险的资产组合，以挣得高额收益，资产泡沫开始酝酿、形成与发展。然而，脱离基本经济面的泡沫难以逃脱破裂的结局，随着经济的下行，支撑资产价格继续高企的经济预期不再，危机前积累的风险集中暴露，金融杠杆加速了资产泡沫的破裂，债务违约风险扩大，加剧了资金的紧张，导致企业与金融机构的破产。总的来说，信贷扩张"来时资产荒，去时资金荒"，信贷扩张初期投资热情高涨，催生资产价格泡沫；尾期伴随着经济增长下行周期，资产价格泡沫破裂与资金流动性紧张相互促进，进而导致系统性金融风险的产生。

最近几年，我国影子银行的规模迅速扩大，其金融创新产品层出不穷，给监管带来了巨大的挑战。根据穆迪（Moody's）统计数

据，2016 年中国影子银行系统达到 64.5 万亿人民币，其定义的影子银行是指信贷中介产品，包括委托贷款、信托贷款、未贴现银行承兑汇票三种核心的影子银行系统，以及去"通道"后的银行理财产品、证券公司理财产品，再加上财务公司贷款、民间借贷等。其中，银行理财是增速最快的部分，在 2017 年一季度达 29.1 万亿元，占比接近一半。

为了逃脱金融监管，我国的影子银行系统主要在商业银行内部形成并逐渐壮大。根据银监会规定，表外理财无须计提风险资产、拨备，也无须计算资本充足率，因此银行的某些理财产品就成为银行加杠杆的主要方式之一。具体来说，银行通过出售理财产品吸纳资金，将所得资金委托给券商资管、信托、基金（包括公募与私募）等专业投资管理人，这些公司再将资金投入到债券、现金、非标及权益类产品。在实际操作中，资产公司为了达到约定的高额收益目标，往往会再度加杠杆，例如在债券市场进行质押式 / 买断式回购，抑或再度委外，部分中小银行甚至也会拆入同业资金再度加杠杆。

那么，这些理财产品又都投向哪里了呢？目前，理财产品投资的主要标的是现金、债券与非标，根据《中国银行业理财市场报告》公布数据显示，现金与银行存款的占比在 20%—25% 左右，债券占比 40%—50% 左右，并且呈现上升趋势，其中以信用债为主；非标占比在 20% 左右，其中有大量资金流入了地方政府融资平台与房地产行业，相当于变相给企业发放贷款。非标业务中还存在着期限错配的风险，为了获得高额收益银行中存在着短借长用的现象，以滚动发行的方式投入到期限较长的非标资产中，从而获得较高的息差，但是，期限错配极易引发银行的流动性风险。

在 2017 年李克强总理的政府工作报告中，特别提到了要警惕不良资产的风险，具体来说就是部分地区存在的房地产泡沫风险。2017 年 3 月，全国 70 个大中城市住宅中，新建住宅与二手住宅分别有 62 个与 54 个环比上涨；从同比来看，一线城市房价上涨速度过快，北京 3 月住宅均价同比上涨超过 48%，其他重点城市如南京、福州、武汉、济南等同比上涨超过 30%，上海、广州住宅均价同比上涨幅度为 17% 与 24%。在房价疯涨下，政府紧急出台了一系列政策以抑制过快上涨的房价，4 月份全国大部分城市房市降温效果明显，然而与之矛盾的是地产商拿地热情不减。中原地产研究中心统计显示，2017 年以来，拿地最多的 25 家企业合计拿地达到了 4942.56 亿元，同比上年的 2549 亿元翻了近一番，以此来看在放松监管后房价反弹不是小概率。

与其他行业不同，房地产行业的金融化程度高，与之相关的金融衍生品发展迅速。就银行业来说，截至 2017 年一季度末，银行业对房地产的信用敞口约为 29.8 万亿元，不过，银行对房地产的总信贷敞口可能要远大于直接贷款，例如，许多地方政府融资平台和企业贷款以土地和房地产作为抵押物，这构成了对房地产的间接敞口；除此之外，银行还可能持有房地产开发商与建设公司发行的企业债券，通过非标等其他方式流入房地产的"影子信贷"也构成了对房地产的间接敞口。

值得注意的是，在以银行部门为主的金融系统内部，寄生了一批寻租、套利势力，利用国家信用谋求个人利益，大量资金违规进入股市，甚至是民间的高利贷机构和配资公司，不仅让借款人背负多层借贷成本和风险，也严重阻碍了金融系统为实体行业服务的职能发挥，加剧了金融系统内资金空转的现象，导致市场上价格信号扭曲。同时，多层嵌套的借贷结构放大了风险的传染能力，如果货币收紧，任一环节出现违约都有可能引发整个资金链的崩溃，进而演变成银行系统的流动性危机，导致系统性金融危机的爆发。2017年民生银行航天桥支行曝出的虚假理财事件，给我们敲响了警钟。

（二）金融全球化程度加快，国际金融市场不平静

在互联网及信息通信技术快速发展成熟的大背景下，金融全球化愈演愈烈，已经成为一个不可逆转的大潮流大趋势。随着我国金融业全球化程度的加深，在分享金融全球化带来的巨大利益的同时，我们不可避免地承担了更大范围的国际金融风险和更深程度的国内金融体系的系统性风险。随着中国全球金融战略的进一步铺开，人民币国际化进程的加快，中国金融自由化的程度在不断加深，利率市场化改革的基本完成，人民币汇率形成机制的改革等金融管制在尝试逐步放开，我国金融也越来越与国际金融体系融为一体。

但是，发达国家及跨国金融机构在金融全球化进程中依旧处于

主导地位，比如，在 2008 年金融危机后西方发达国家相继推出了零利率的货币政策，美联储从 2010 年 8 月份开始推出了量化宽松政策，即通过纽约联储的交易机构从银行、券商和保险公司等金融机构手上购买抵押贷款支持证券和国债等中长期债券，试图降低长期利率，增加基础货币供给，这使得大量的廉价、低利率的美元资金在短时间内涌入新兴经济体，出现了短期需求的急剧扩张，并产生了长时间大范围的通货膨胀和产能过剩，而实践证明这种扩张是不可持续的。

从 2014 年年中开始，美元进入加息预期，美元指数开始重拾升势。在 2014 年下半年到 2015 年年底，在很短的时间之内，美元指数上涨幅度非常大，从 80 最高升到 100，涨幅达到 25%。正是由于美元指数出现了急剧地拉升，我们可以看到，面临资本流出压力的不只是中国，马来西亚、韩国、巴西、俄罗斯、沙特阿拉伯等新兴经济体，都面临着资本流出和汇率贬值的问题，甚至欧元和日元对美元也出现贬值。

随着美国特朗普总统的上台，美国经济政策产生很多的变数。比如他主张减少非法移民，这会让很多的低端岗位包括农业、家庭看护等人员短缺，带来粮食价格、护理费等的上升；增加基础设施投资也使得大宗商品价格上涨，刺激美国居民消费价格指数（CPI）进一步升高，也让美联储加息的理由更加充分。但是加息会进一步增加美国政府债务支出的成本，增加企业融资的压力，这与特朗普想提振实体经济的主张，表面上似乎存在矛盾关系。特朗普加大对本国企业的保护力度，也有可能增加中美的贸易摩擦。所以，他所采取的经济政策会对我国经济产生影响，并增加了人民币对美元汇率的波动。

世界其他地区的经济形势也不乐观，金融市场都面临极大的不确定性。欧盟内部分成员国财政危机难以平抑，英国启动正式"脱欧"，部分发展中国家陷入了经济衰退。同时，部分地区局势动荡，美、俄在中东的冲突有可能进一步升级，这一非常规因素带动市场避险情绪高涨，黄金、石油等价格暴涨，而铁矿石等大宗商品价格大跌，这些事实都表明国际金融市场正处于一段不稳定时期，对我国的金融风险防范也造成巨大压力。

（三）如何管控互联网环境下的舆情风险，对相关监管部门是重大挑战

在全球经济竞争中，金融是一个国家经济的心脏，而金融信息服务则充当了神经网络的作用。它产生并反馈于金融活动，引导着资金流向，影响着个人、企业的投资决策，对整个国家的战略和经济有重大影响，也是一个国家软实力的重要组成部分，是当今国家之间竞争的主要领域之一。

金融信息服务既有金融行业的专业性特点，也具有媒体行业的传播特点，同时又需要借助互联网等高科技，是横跨多个领域、行业的新型现代化高端服务业。并且，围绕金融信息的产生、采集、加工、传播、使用、监管等不同环节，形成了庞大复杂的生态系

统。同时，依托互联网技术的发展，金融舆情的传播速度和影响力得到很大提升，结合金融信用化的特点，金融舆情的发展演化可能会动摇社会大众对金融市场的信心、诱发金融系统的信用危机、影响消费和投资预期等，进而引发系统性金融风险。

在已实现信息化的市场环境中，资金的流通已经消除了时间和地域的隔阂，运作的规模和效率都普遍提高，因此，金融波动的外溢效应更加显著。市场游资、热钱对金融信息有着十分敏捷的洞悉和反应，即使某些金融信息具有明显的主观倾向性、碎片化、意识形态化的特点，各个市场主体也无法对其真实性和目的性进行准确把握和衡量，一旦出现具有明显偏向性的消息，就会引发"蝴蝶效应"，产生"踩踏"。例如，如果市场上出现对某一银行经营状况和取现能力的质疑，就可能产生大规模的挤兑，甚至导致银行破产。其引发的恐慌情绪甚至会引发破产潮，这就必将直接影响银行和企业的偿债能力和履约能力，直接影响企业和机构的盈利能力，带来连环债务危机，引发广泛的市场信用风险。

我国金融机构体系是以"一委一行两会"（国务院金融稳定发展委员会、中国人民银行、中国银行保险监督管理委员会、中国证券监督管理委员会）为监管主体，对于不同类型的金融信息服务商，具有媒体性质、下辖新闻通讯社类的金融信息服务商，由新闻主管部门监管；评级类金融信息服务商则是由中国人民银行主要监管；投资银行类金融信息服务商和交易所类机构由央行和证监会共同监管；对于其他类型的金融信息服务商，还未有明确的监管部门。随着金融行业的飞速发展，现行管理体制存在明显弊端：多头管理、职能交叉、权责不一、效率不高，这在2015年我国股市大幅波动期间已经有了淋漓尽致的体现。因此，总体上来说，我国对金融信息服务内容、传播的监管理念、框架还需要加强，亟须完善。

第四节　走向金融强国之路

一、建设金融强国的必要性

我国经济已经取得了举世瞩目的成就，根据世界银行的数据，2016年我国国民生产总值超过了11万亿美元，连续多年位居世界第二位，是世界上两个超过10万亿美元的国家之一。相对于经济总量，我国的金融行业却没有取得相匹配的地位：金融结构虽然资产庞大，但是也存在人员臃肿、创新活力低的情况；人民币国际化取得巨大进展，但是国际影响力仍然排在五名以外，还有法律法规不完善，监管也存在短板，这些问题也影响到了我国经济的稳定以及金融服务实体经济的效率。

中共中央政治局第四十次集体学习时，中共中央总书记习近平发表讲话指出："金融是现代经济的核心，保持经济平稳健康发展，一定要把金融搞好。"强大的金融是"强国梦"的重要支撑，因此，我国一定要从国家发展战略的高度，重视金融，发展金融。

二、中国建设金融强国的战略布局

习近平总书记在中共中央政治局第四十次集体学习时强调：
"金融活，经济活；金融稳，经济稳。"回顾世界近现代史，建设金
融强国是成为经济强国的必由之路。当前，我国正处于全面建成小
康社会的决胜阶段，面临着经济金融化、金融全球化的发展趋势，
以及复杂的国内外经济形势，中国要实现经济由大而强的转变，离
不开金融业的发展作支撑。我国已经是金融大国，在通往金融强国
的道路上仍然面临严峻挑战——金融监管体系尚不够成熟、金融乱
象和金融腐败时有发生，特别是经济下行环境下，防控金融风险、
维护金融安全的压力增大。与此同时，经济发展模式转变、供给侧
结构性改革初见成效，人民币国际化取得进展，亚投行和"一带一
路"倡议获得国际社会普遍响应，中国正处于重要的战略机遇期，
加紧金融强国的战略布局正当其时。

第一，要从国家战略的高度认识金融对于国家经济发展与社会
稳定的重要意义，制定金融强国战略，提高我国金融行业的国际竞
争力，维护国家金融安全。

将建设金融强国尽快纳入国家发展战略，引起全党全社会对金
融发展和稳定的重视。应当在准确把握我国当前经济金融客观情况
的基础上，从战略角度和国家层面对金融强国进行科学的顶层设

计，借鉴国际先进的经验，推进相关规划和政策的出台，包括目标和重点任务、相关指标体系的设计、实施步骤和时间表等，以满足我国经济发展和国际竞争的需要。

加强金融监管部门的统筹协调，防范系统性金融风险，增强抵御经济波动和外部冲击的能力。充分发挥现有国内国际监管协调机制例如金融监管协调部际联席会议制度、金融稳定委员会等的作用，统筹协调跨境与国内监管、"一委一行两会"监管、中央与地方监管，还要与网信办协调金融信息的监管，以及与财政部协调地方债监测等；坚决治理金融市场乱象，严厉打击违法违规和腐败行为，有效地识别金融风险的滋生部位，实时监测及时预警，阻断风险的发生和传导扩散；加强对金融舆情的监测和把控能力，发挥智库的功能，发挥意见领袖在金融舆情中的引导和纠偏作用，防止负面、不实信息诱发系统性金融风险。

第二，做强实体经济，提高金融服务实体经济的效率，实现金融与经济发展的良性互动。

伴随实体经济发展而产生的投融资需求是金融业发展的根本动力，反之金融通过资金的优化配置决定实体经济的发展方向和结构，二者相互促进，互为表里。

我国应当做大做强实体经济，增强内生发展动力，打牢金融发展的根基。继续推进供给侧结构性改革，推进"三去一降一补"，减少无效供给，增加有效供给，淘汰落后产能；稳妥推进去杠杆，减少企业负债率，加强国有企业的财务杠杆约束。实施创新驱动发展战略，以创新引领实体经济转型升级，扩大高质量产品和服务的供给。改造传统产业、大力培育以智能制造为代表的新兴产业，鼓励大众创业万众创新，推动国家制造战略的实施。继续推进京津冀协同发展、长江经济带、"一带一路"倡议的实施，科学筹备规划雄安新区的建设，培育我国新的经济增长极。

将支持实体经济作为金融发展的根本落脚点，打通资金流向实体经济的通道，提高资金的使用效率。发挥市场在资源配置中的决定性作用，推进价格机制改革，深化金融体制改革，包括利率市场化改革、汇率市场化改革等，推进国企改革，打破政府对国有企业的兜底行为。推动金融产品和服务创新，满足多元化的融资需求；拓宽融资渠道，扩大融资结构中直接融资的比例，发展多层次资本市场，积极发展债券市场，规范发展互联网金融市场。防止资金在金融系统内部的自体循环，规范银行同业业务和资管业务的发展；规范房地产市场的发展，防止资金过多地流入房地产市场，保证住房的居住属性。

第三，从硬件设施和软环境建设两方面，夯实金融基础设施建设，保障金融市场安全高效运行和整体稳定。

在金融基础设施的建设上，硬件设施和软环境建设要双管齐下，完善金融产业链条，推动金融改革的进一步深化。要高度重视金融基础设施在经济增长、制度变革、应对风险中的基础性作用，将其作为金融改革的配套体系协调推进。不仅要加强硬件设施诸如支付清算系统、征信系统等建设，还要完善金融法制环境、社会信用环境、金融监管、定价机制等软环境。针对基础设施建设周期长、投资大、见效慢的特点，政府要发挥主导作用，同时引导社会资本参与，同时理顺体制机制，打破管理体制上的条块分割，加强不同部门、不同市场、不同区域间的协调配合。

既要借鉴国际发展经验、对接国际标准，也要积极建立"中国"标准，增强我国金融体系的开放程度和国际影响力。具体而言，在支付清算系统的建设上，要与时俱进，适应支付需求的变化，积极发展互联网支付和移动支付终端技术；运用信息科技和智能技术，打造先进、稳健的支付体系；在共享国内资源的基础上与国际支付清算系统形成对接，实现内外标准统一和互联互通。在社会信用环境和服务体系建设方面，要建立统一的金融信息大数据平台，发挥其在金融信息获取分析和信用体系建设中的作用；完善信息披露制度，扩大金融信息披露范围，强化金融信息披露标准，提高金融信息透明度；培养出一批专业性强、特色鲜明、拥有自身优势的本土金融信息服务企业，并推动其"走出去"，逐步提升中国金融信息服务企业在国际市场上的影响力。

第四，通过科技创新推动互联网金融行业跨越式发展，解决金融领域的核心问题，加快互联网对传统金融部门的改造。

发挥科技创新作为推动互联网金融发展核心生产力的作用，替代日渐式微的人口红利。加大金融领域的科学技术创新，依托大数据、云计算、人工智能和区块链等新技术，优化资金配置效率、强化金融风险管理、保障金融系统安全，拓展市场的广度和深度，保持我国在互联网金融行业的领先地位。例如利用云计算技术处理电商交易平台的大数据信息，精准获取用户的投融资需求并且对客户进行信用评估；利用人工智能技术实现投资智能化，大大节约人力成本；发展生物识别技术、验证技术、数字签名技术以简化支付清算过程，逐渐实现完全电子化交易；运用区块链技术解决互联网交易的信任和安全问题，积极开拓区块链技术的应用空间。

发挥"互联网+"的乘数效应，加快传统金融部门的转型升级，提高金融行业的整体运行效率。除了要继续稳妥推进互联网支付和投融资业务例如第三方支付、电商网络信贷、类余额宝、众筹融资、P2P网络借贷等的发展，还要利用互联网技术对传统金融部门的网上金融业务进行改造，实现银行、证券、保险等业务的网络化。传统金融部门要加快向互联网方向的转型速度，通过提升管理、优化服务、创新产品提高自身的竞争力，新兴互联网金融行业要发挥小额、大众、公开的特点，在普惠金融方面例如小微、"三农"等领域重点发力。互联网金融和传统金融机构实现优势互补，细分金融市场，重塑金融格局，打造高效便利普惠的金融生态系统。

第五，推动国际金融合作，参与全球金融治理，提升在国际金融组织中的话语权。

提高人民币的自治力和影响力，加速推进人民币国际化进程。拓展离岸人民币交易市场平台，提高经常项目下人民币的结算比例，扩大货币互换国的数量和规模，更多地在境外发行以人民币计价和结算的金融债和企业债；维持人民币汇率稳定，促进人民币成为国际储备货币；积极与发展中国家和新兴国家合作，逐渐改变牙买加货币体系（美元本位）之下世界金融格局，弱化美元霸权地位。

积极谋取金融和资本市场定价权，建成国际性的金融中心。为此，要积极推动金融市场开放，放松金融管制，逐步实现资本项目开放和人民币自由兑换；在汇率、大宗商品和金融衍生品领域，要积极搭建国际性的交易中心和定价中心；加大金融业务和产品创新，进行有深度的市场交易；形成多元化的投资者结构，增加专业机构投资者的市场参与；加快培育有全球影响力的金融机构，如大型国际投行、信用评级机构等。

积极参与全球金融治理，成为国际金融游戏规则的制定者。继续推进现有国际金融机构如国际货币基金组织和世界银行的改革，联合广大非话语霸权国开展与话语霸权国的对话、沟通和博弈，在决策机制、治理结构、贷款职能和资源分配等方面取得突破；充分利用区域性的金融合作机制，如"金砖国家"开发银行、非洲开发银行、东亚及太平洋央行的合作机制等，通过积极参与、增加出资比例或援助等方式，提升金融话语权的微观空间；倡议建立新的多边合作机制，如亚投行、"一带一路"等，增加全球公共产品供给，提升在全球经济治理中的制度性话语权。

第 三 章

从辅助到主体：企业生态的塑造之路

在中国改革开放四十年的进程中，企业改革是政府不断调整和重塑市场权利的过程。回顾既往四十年，一方面，国有企业改革始终是整个经济体制改革的中心环节，国有企业从政治附庸发展成为自主经营、自负盈亏、自我发展、自我约束的独立的市场经济主体；另一方面，民营企业也经历了从"黑户"成为极具活力、饱受市场经济洗礼的经济主体。

第一节　破解"市场焦虑"的时代寓意

纵观中国经济体制改革史，政府与市场的关系调整逐步进入新阶段。国企改革经历了从放权让利、建立现代企业制度以及国有资产管理体制改革和国有经济布局战略性调整这三个阶段。总体而言，国有企业改革坚持了市场化的方向，通过扩大企业自主经营权，建立现代企业制度，完善公司治理机构等措施不断激发出企业生产经营积极性和竞争力，国有资本也逐步向关系到国家安全和国民经济命脉的重要行业和关键领域集中。国有企业从政治附庸发展成为自主经营、自负盈亏、自我发展、自我约束的独立的市场经济主体。

与此同时，作为社会主义市场经济的重要组成部分的民营企业也经历了从"黑户"到必不可少的市场经济主体，从个体经济到集团发展，从国内的填空补缺到国际化的发展历程。至 2018 年，民营经济占 GDP 比重、税收占全国税收比重、民间投资占全社会固定资产投资比重都超过了 50%。民营企业在稳定增长、促进创新、增加就业、改善民生、出口创汇等方面正发挥着越来越积极的作用。国有企业和民营企业作为市场经济的两个重要主体也见证了政府与市场关系边界调整的改革成就。政府逐步降低对市场的干预，放权让利，从全能型政府向服务型政府转变；而市场的作用也由"辅助性"到"基础性"再到"决定性"不断过渡，社会主义市场经济逐步建立并持续完善。

2018 年政府工作报告强调，政府将持续"减少微观管理、直接干预，注重加强宏观调控、市场监管和公共服务"。十九大报告中明确阐述要"使市场在资源配置中起决定性作用"、同时"更好发挥政府作用"的总基调不变。在当前中国为从"高速增长"到"高质量发展"寻求持续动力的时刻，如何认识市场的角色、尤其如何把握市场权利与政府权力的边界，是市场主体最关心的重大命题，也是当前企业改革的命门所在。

一个客观事实是，当下的中国市场主体正面临着深刻的"市场焦虑"，即市场主体对市场作用与市场边界的焦虑感。一方面，围绕究竟什么是"市场"、怎么定义"市场"，出现了新的困惑与激辩。更重要的是，在"市场失灵""市场扭曲"或者市场自身的不完善性已经日益成为社会共识的大背景下，如何破除致使资源配置偏离优化状态的阻碍，真正找到市场与政府的良性组合与微妙平衡，是企业改革面临的最大挑战。

第二节 探索政府与企业关系的四十年历程

纵向来看，一部中国经济体制改革史，正是一部政府、市场、企业关系的变迁史。20 世纪 50 年代以来，政府与市场、企业关系的变革面临"一管就死、一放就乱"的悖论。但总体而言，改革开放后政府干预程度逐步降低。从 1978 年至 1992 年市场起"辅助性作用"阶段，到 1992 年至 2013 年市场起"基础性作用"阶段，再到 2013 年至今市场起"决定性作用"阶段，政府采用渐进政策，将资源配置中的部分权力逐步"让渡"给市场和企业。

1978 年到 1992 年，为了刺激僵化的计划经济体制，政府开始引入市场调节机制，使市场在资源配置中起"辅助性作用"。1978 年 12 月，党的十一届三中全会做出了全面实行改革开放，在经济领域实行市场化改革的决定，由此拉开了调整政府与市场关系政策改革的序幕。这次会议强调了市场配置资源的优势，体现了党对市场调节经济态度的改变。此后，党和国家的重要领导人对我国经济改革的指示中都不断提及要加入市场调节元素。

1982年9月，党的十二大正式确立"计划经济为主、市场调节为辅"的指导原则，市场和政府的关系才发生了开创性的改变。为了激发市场潜能，十二大还特别指出，国家应放宽对个体经济、小商品生产的发展限制，在计划经济的体制框架内重视价格、税收等经济杠杆的作用，遵循经济发展的客观规律。随着市场化改革的不断深入，1984年到1991年末这一阶段被称为有计划的商品经济时期，为政府与市场关系不断调整改革奠定了基础。

1992年至2013年是中国社会主义市场经济体制逐步建立、完善的时期，也是中国市场化改革全面推进的时期，市场在这一阶段起到了"基础性作用"。1992年初，邓小平的南方谈话对社会主义的本质进行了界定，明确了计划和市场都是经济手段，突破了对市场经济的传统观念，对政府与市场关系改革的进程产生了重要影响。同年，党的十四大即确立了"使市场在社会主义国家宏观调控下对资源配置起基础性作用，使经济活动遵循价值规律的要求，适应供求关系的变化"[①]的社会主义市场经济体制的改革目标。

---

① 中共中央文献研究室：《十四大以来重要文献选编》，人民出版社1996年版。

以十四大改革目标为出发点，1993 年党的十四届三中全会配套提出了"三种制度"和"两大体系"基本框架，为政府和市场的结合提供了符合我国国情的具体路径。随后，党的十五大到十八大报告不断围绕市场的基础性作用而展开，一次次扩大了市场作用的范围和程度，政府作用逐渐转移至宏观调控层面，社会主义市场经济体制也在摸索与实践中不断完善。

2013 年至 2018 年，中国经济体制改革进入了新阶段，总体上处于改革攻坚、完善市场经济体制阶段，市场逐渐起"决定性作用"。2013 年 11 月，党的十八届三中全会上对全面深化改革作出明确指示："经济体制改革是全面深化改革的重点，核心问题是处理好政府和市场的关系，使市场在资源配置中起决定性作用和更好发挥政府作用。"[①]

此后，在理论和实践层面，政府围绕使市场在资源配置中起决定性作用和更好地发挥政府作用不断深化经济体制改革，减少政府对资源的直接配置，降低政府对微观经济活动的直接干预，打破了对市场主体活力的禁锢，开始重点关注引领经济发展新常态的体制机制和发展方式。[②]

当前中国拥有的是一个以公有制为主体、多种所有制成分和调

---

① 习近平：《关于〈中共中央关于全面深化改革若干重大问题的决定〉的说明》，《人民日报》2013 年 11 月 16 日。

② 中共中央文献研究室：《十八大以来重要文献选编》（中），中央文献出版社 2016 年版，第 835—836 页。

节因素并存的经济体系。与这一经济体系相适应，国家调节规律与市场调节规律按何种比例和方式实现良性互补、有机协同，在经济"新常态"语境下面临新的挑战。换言之，当前不是要不要"国家调节"的问题，而是如何通过适度发挥国家调节规律的作用来直接或间接塑造新型市场主体，促进资源配置的效率与公平。

十九大报告中明确的经济体制改革目标是要着力构建"市场机制有效、微观主体有活力、宏观调控有度"的经济体制，以此促进中国经济的创新力与竞争力。为达成"微观主体有活力"的目标，相关改革方向包括：深化国有企业改革，发展混合所有制经济；支持民营企业发展，鼓励更多社会主体投身创新创业，加强对中小企业创新的支持；完善市场监管体制，"使市场在资源配置中起决定性作用，更好发挥政府作用"。

可以预见，在未来政府与市场关系的推进中，将呈现两大鲜明趋势。

第一，从政府干预的调整方式看，政府将会并且必须保持渐进性的市场干预调整。也就是说，这种调整将保持在可预期的节奏与范围内。在中国政府与市场关系演变的历程中，政府干预力度的调整强度与速度在不同阶段呈现显著差异。2017年1月，中共中央总书记习近平在阐述政府与市场关系时指出："发挥政府作用，不是简单下达行政命令，要在尊重市场规律的基础上，用改革激发市场活力，用政策引导市场预期，用规划明确投资方向，用法治规范市场行为。"

在当代中国政府与市场关系的领域中，政府曾在短时间内迅速强化在资源配置作用的主导作用，其教训是深刻的。未来在优化与市场关系时，适度干预与渐进调整是常态，对市场干预力度在短期内的大幅度上升或下降都是高风险选项。

第二，从政府干预的调整力度看，各级政府对市场的干预力度整体保持弱化，但在某些经济部门、某些经济领域中的干预力度将有所强化，尤其在微观产业规制与宏观经济高度相关的领域。

以房地产市场为例，政府大量调控措施服从于对宏观经济的整体引导。从政策出台始末、调控力度与调控方向的演变进程看，房地产调控带有强烈、灵活的"相机抉择"特征，但这种周期性干预仍以理性尊重市场供需与预期为前提。

横向来看，当前反思新自由主义、重新审视"市场失灵"是后金融危机时代各大经济体面临的普遍课题。以美国为例，20 世纪的美国曾经经历两次重大转向，一次罗斯福新政，一次里根经济学。罗斯福（Franklin D. Roosevelt）以凯恩斯主义应对 20 世纪 30 年代的经济大萧条，由此开启第一次世界大战后黄金时代。而面对 70 年代的石油危机与"滞胀"泥潭，里根（Ronald Wilson Reagan）以新自由主义纠正政府强力干预的负面效应，促成第二次世界大战后的二次繁荣。

20 世纪由此被切割为三个部分，三次繁荣与衰退的更迭周期。20 世纪落幕时，第三个周期尚未完全结束，它一路延续至第二次世界大战后最严重的衰退：2008 年金融危机。在危机中以"改变"

口号上台的奥巴马（Barack Hussein Obama）曾试图调整，但仍未从新自由主义框架中走出来。在美国经济、政治与社会内部失衡中上台的特朗普，一上台就落入"新市场失灵"与金融监管改革的争论旋涡中。

解决好政府、市场、企业的关系问题，是一道世界性的经济学难题。中国在改革中探索让政府和市场各就其位、各司其职的路径，既要"有效的市场"，又要"有为的政府"，既是构建中国自身经济体系的路径，也是为破解经济学上的世界性难题贡献中国智慧。

第三节　企业改革的两个维度

改革开放四十年来，推进国有企业改革、支持民营企业发展始终是企业改革的两大维度。

第一，推进国有企业改革。国有企业改革是我国城市经济体制改革的重心和整个经济体制改革的中心环节。

1978 年到 1992 年，国有企业改革的核心内容是政府减税让利，扩大企业自主权。这一时期的改革实践主要表现在三个方面：扩大企业自主权试点、实行利改税以及实行企业所有权和经营权的分离。

1978 年，政府首先在四川省选择了六个试点企业实行了"放权让利"改革。即减少政府对企业的直接干预，扩大企业自主控制权和经营权。措施规定，对于企业的超额盈利，政府将其部分所有权赋予企业，用于员工的养老基金、医疗保险等方面。"放权让利"使试点国企经营者和生产者积极性大幅提升，经济效果显著。

因此，1979 年 7 月，国务院在总结了四川试点国企的相关经验后下达了《关于扩大国营工业企业经营管理自主权的若干规定》等五个改革企业管理体制的文件，在全国推广试点工作。但在全国的推广进程中企业上缴利润却逐年减少，究其原因，是企业经营情况信息不对称造成的宏观控制和指导没有及时跟上，出现了企业不按国家计划生产、重复建设、谎报利润等问题。[①]1980 年国内出现了严重的财政赤字，为了增加财政收入，1981 年 4 月，在借鉴农村承包经营责任制经验的基础上，国家全面推行工业经济责任制。一定程度上激发了生产者的积极性，改善了企业的经营管理状况。但在实践过程中，由于企业与国家以及企业内部利益配比不合理逐渐显现出其缺陷性。

1983—1984 年，政府进行了两次利改税改革。1983 年，政府首先实行了税利并存制度改革，国有企业须将盈利的 55％用来向国家纳税，还须按相关规定缴纳一部分剩余利润，余量企业自留。1984 年再次实行利改税，转变税利并存的状况，实现完全的以税

①　郭春丽：《改革开放 30 年国企改革的实践进程》，《今日中国论坛》2008 年第 10 期。

代利，企业须交所得税和调节税两种税。① 但由于所得税率过高，一定程度打消了企业的生产积极性，影响了企业的后发动力。

随后国企改革又寻找到了新的方向，1985—1992 年，政府根据国企企业规模进行了划分并分别实施了以所有权和经营权的分离为主要内容的改革。对大中型国企实行承包责任制，推进"两保一挂"改革措施；对小型国企重点推进租赁制。与此同时，针对部分国企实行股份制试点工作。不断促进企业经营机制的改革，加大企业自主经营力度。

1993 年到 2002 年，国有企业的改革转移至制度层面。1993 年11 月，中国共产党十四届三中全会明确了国有企业改革的目标即建立"现代企业制度"，其特征概括起来为"产权清晰、权责明确、政企分开、管理科学"。改革目标的变化推进了一系列的重大改革举措。改革措施在三个层面上推进：宏观层面上，推进国有经济格局的战略性调整；微观层面上，推进国有企业建立现代企业制度；制度层面上，不断改革政府管理国有企业的方式。②

微观层面上，1993 年 12 月，《中华人民共和国公司法》出台，确立现代企业制度的典型形式是公司制，公司实行有限责任制。国家和地方政府开始陆续进行现代企业制度试点工作。1995 年 9 月

---

① 乌云珠：《改革开放以来我国政府与市场关系的历史考察》，博士学位论文，上海师范大学，2017 年。

② 郭春丽：《改革开放 30 年国企改革的实践进程》，《今日中国论坛》2008 年第 10 期。

中共十四届五中全会通过了《中共中央关于制定国民经济和社会发展"九五"计划和 2010 年远景目标的建议》，对国有企业改革提出了新的思路：一是转变经济增长方式；二是实行"抓大放小"的改革战略。① 区别不同情况，对于大中型国有企业和企业集团，重点推进其战略性改组和发展，使其充分发挥在国民经济中的骨干作用，促进规模经济的形成；对于小型国企则根据其自身生产力水平和企业特点，允许自行采取改组、联合、兼并、股份合作制、租赁、承包经营和出售等形式，加快国有小企业改革改组步伐。

1997 年以后，国家积极推进政企分开，对大型国企采取了"三改一加强"等一系列措施，使国企改制范围和改革程度不断扩大，初步确立了现代企业制度的基本框架。宏观层面上，1997 年党的十五大正式提出"从战略上调整国有经济布局"，国企改革也随之发生了从存量资产到流量资本，从局部到整体的改革着眼点转移。制度层面上，1999 年 12 月中央大型企业工作委员会的成立，推进了国有资产管理体制的改革。2000 年 3 月，国务院发布的《国有企业监事会暂行条例》在法制层面规范了大中型国企的监事会制度。

2003 年至今，政府逐渐认识到现代产权制度在建立现代企业制度及国有经济格局战略性调整中的重要作用。为了营造良好的制

①　中国改革论坛网：http://www.chinareform.org.cn/special/2013/reform35/Process/201312/t20131215_183307.htm，2018 年 3 月 14 日访问。

度建设环境，2003 年 3 月，十届人大一次会议正式批准组建国有
资产监督管理委员会，随后各级国资委也相继成立，促进了出资人
职能的统一化和集中化，很大程度上解决了国有企业"多头管理、
无人负责"的状况。

同年 10 月，十六届三中全会《中共中央关于完善社会主义市
场经济体制若干问题的决定》提出了："建立健全现代产权制度，
产权是所有制的核心和主要内容，包括物权、债权和知识产权等各
类财产权。建立归属清晰、权责明确、保护严格、流转顺畅的现代
产权制度。"这是第一次将产权制度提到核心地位的高度，国企改
革进入了全面建立现代企业制度和国有经济格局战略性调整的新
阶段。

从 2003 年开始，在国务院国资委的改革领导下，国有资本通
过资产重组和结构调整在市场公平竞争中优胜劣汰。中央企业户数
从 196 家减少到 143 家。同时企业的资产总量和竞争力有了提高。
2006 年底，中央企业主管业务超过千亿元的有 19 家，比成立之初
增加了 10 家。[1] 到 2013 年初，全国 90％以上的国企完成了公司制
股份制改革。随之而来的是经济步入"新常态"，新一任政府提出
国企改革进入深水区，注重监管、产权、经营等多方面的全面深化

---

[1]   百度网，https://www.baidu.com/link?url=m27ArWqquPrwcjtkdxw7uF3
cQxoVNETxtTTWFVuFgXvUqU_olLsIM6fOKR_ue7ouhyjgWCIZDRN6fatUwC-
cyyk40UXKI-sgV56QweDNLs7&wd=&eqid=d92a78cf000000b3000000035aaa5d58，
2018 年 3 月 14 日访问。

改革。

2015 年 8 月，新时期指导和推进国企改革的纲领性文件《关于深化国有企业改革的指导意见》提出了完善现代企业制度和国资管理体制、发展混合所有制经济、强化监督防止国有资产流失等国企改革目标和举措。2017 年 5 月发布了《国务院国资委以管资本为主推进智能转变方案》，授权 43 项权责下放，出台了出资人监管权力和责任清单，有利于完善国有资产管理体制，加快国有企业成为独立的市场主体的步伐。四十年来的国有企业改革实践经历了从国有企业、国有经济再到国有经济布局的战略调整路线，国有企业管理体制也在摸索中不断完善。

"效率"问题始终是当前体制中国企被诟病的主要问题，破除国企发展动力不足、创新效率低下的制度性根源，有针对性地引入市场竞争，是破解当前国企改革路径僵化的可靠保证。

所谓有针对性地引入市场竞争，首先需要准确把握不同企业的功能。对于供水、供电、提供公共交通等供应公益产品或服务的企业而言，应加大国有资本投入，推动它们在公益领域做出更大贡献。而对于一般性竞争领域的国企，应加快改革国有资本授权经营体制，依托资本市场，推进国有资产资本化，推动国有资本向重点行业和关键领域集中，加快清理僵尸企业。

在此过程中，注重培养国企的创新竞争优势和创新积极性。这种创新不仅是技术层面的，也是管理层面的。应大力完善国有企业的现代企业制度，尤其引导企业突出主业，加大内部资源整合力度，剥离重组非主业、竞争力低下的资产，以企业管理规范化、制度化、信息化促进国企效率的提升。

随着市场竞争激烈程度的增加而创新投入，是企业发展的重要规律，政府的创新驱动战略引领作用至关重要。随着越来越多的战略投资者被鼓励参与国企改组改造、国有资本流动性提升，这些企业参与创新性项目投资的意愿将得到提升，这是激发国企活力的途径，也是市场化发展的趋势。

国有企业、国有经济的作用决不应受到低估。在效率问题上，说到底，如果国有经济选择合格的经营管理者，健全监督和激励机制，实现单位管理成本低于私营经济并非不可能。更重要的是，在宏观经济运行面临风险的情况下，政府主要通过国有经济解决失业问题。国有经济可以在不影响整体效率的同时，遵照政策决策增加就业人数。

第二，支持民营企业改革。民营企业是我国社会主义市场经济的重要组成部分，是拉动国民经济高速发展的重要力量。

1978年到1991年是民营企业的萌芽探索期，随着民营企业的合法地位的确认和认可度的提升，开始显露出其强大的生存力和适应性。1978年，十一届三中全会"解放思想，实事求是"的指导方针和后续实行的对经济管理体制的变革措施都为民营企业的萌芽和发展创造了相对宽松的外部环境。1983年到1987年，出现了乡镇企业和民营企业。前期民营经济的存在只受政策默许，直到1987年党的十三大会议首次公开明确承认私营经济的合法地位，将私营经济确定为社会主义公有制的必要补充，提出国家鼓励发展个体经济特别是私营经济的方针。从此，民营经济开始迅速发展壮大。

1988年4月七届人大一次会议通过宪法修正案，规定："国家允许私营经济在法律规定的范围内存在和发展。私营经济是社会主义公有制经济的补充。国家保护私营经济的合法权利和利益，对私营经济实行引导、监督和管理。"从而在法律上确立了民营经济的地位。当时全国的私营企业已达8万多家。[①]民营企业开始逐步形成规模化、产业化的经营模式。但在这一民营企业探索发展的时期，出现了一些不规范的经营行为，暴露出了在经营、管理、体制等方面的一些不足。

1992年到1998年，民营企业进入快速发展阶段。受邓小平同志"南方谈话"以及十四大对以公有制为主体，多种所有制经济成分共同发展的基本经济制度确立的影响，民营企业经营者开始解放思想、拓宽眼界，使民营企业由单纯的数量上的增加向注重企业质量方向转移。企业组织业态由业主制转向股份制，企业开始在国内上市，快速发展也使其企业人员素质结构得到改善，民营企业逐渐向规范化、集团化的现代企业制度过渡。

1999年，民营企业除了不断扩大企业规模和行业范围，还

---

① 沈汉溪：《中国民营经济：发展历程、现状及问题》，《中国市场》2006年第2期。

开始在海外上市。同时，民营企业并购速度也在不断加快。2001年8月，万向集团收购美国纳斯达克上市公司 UAI（Universal Automotive Industries），中国乡镇企业首次收购海外上市公司。2004年12月联想集团收购了 IBM 全球个人电脑（PC）业务。[①]民营企业开始走上国际化的道路。2002年十六大进一步提出的"必须毫不动摇地鼓励、支持和引导非公有制经济发展。个体、私营等各种形式的非公有制经济是社会主义市场经济的重要组成部分"，彰显了民营企业在经济社会发展中起到的重要作用，强调了其在整个国民经济中重要组成部分的地位。

2005年，民营企业进入了转型升级阶段。2005年2月国务院发布了《关于鼓励支持和引导个体私营等非公有制经济发展的若干意见》，明确提出了今后一个时期鼓励、支持和引导非公有制经济发展的总体要求，发布了促进非公有制经济发展的七个方面的政策措施。随后，党的十七大提出"坚持平等保护物权，形成各种所有制经济平等竞争、相互促进新格局"，《企业所得税法》《物权法》等政策法规也相继出台，非公有制经济发展的法制体系日趋完善。

同一时期，顺应互联网技术的发展，民营企业迸发创新创业活力，逐渐成为自主创新和科技发展的主要力量。截至2006年，在我国53个国家级高新技术开发区企业中，民营科技企业占70%以

---

① 王春雷：《我国民营企业的发展历程及启示》，《武汉商学院学报》2014年第28期。

上，取得的科技成果占高新区的 70% 以上。

随后，关于非公有制经济地位的政策意见相继发表。从 2012 年党的十八大提出"要保证各种所有制经济依法平等使用生产要素、公平参与市场竞争、同等受到法律保护"开始，到党的十八届三中全会提出"坚持权利平等、机会平等、规则平等，废除对非公有制经济各种形式的不合理规定，消除各种隐性壁垒，制定非公有制企业进入特许经营领域具体办法"，再到 2016 年 3 月习近平总书记在民建工商联委员联组会上，强调我国基本经济制度必须坚持"两个毫不动摇"，重申非公有制经济"三个没有变"，进一步坚定了民营企业转型发展的信心。① 自中国经济发展进入新常态，中国民营经济发展也进入到转型升级的历史新阶段，无论是国家内部还是外部国际社会都是民营企业从未遇到过的新环境。

民营企业的发展需更好抓住国家战略平台的机遇，这是老产业转型升级、新产业做大做强的路径，更是实现企业自身发展、共同为提升国家竞争力做出应有贡献的机遇。

政府已经意识到，如果把手过多伸入微观领域，企业往往要么无所适从，要么过多依赖政府。长此以往，市场面临失序风险，以及政商结合等严重问题。当前在激发民营企业活力的问题上，总体政策基调是要破除歧视性限制和各种隐形障碍，加快构建亲清新型

---

① 百度网，https://www.baidu.com/link?url=F-L28NzrL_PK9UGX32vOsvdelN2 0CFihS1eiHpjnUr1t7y93UqB_1HSz02gjftnbCt3_p7J0TULK6iLw_X_lISgu9Q8IdAMzsw A2s0fv6r7&wd=&eqid=ed49eab90003fe23000000035aab1c79，2018 年 3 月 16 日访问。

政商关系，落实保护产权政策。政府在宏观领域发挥作用，企业在微观角色上经营发展。

多年来，不少民营企业稳健、低调、务实发展，取得实绩。在国家全面深化改革的进程中，民营企业提升活力和创造力，与抓住国家机遇实现自身发展密不可分。

一方面，各地政府需要在监管模式转变进程中抓紧研究职能调整，包括各类工作者的标准化、法治化、信息公开，有所为，有所不为，为诚信体系建设营造环境。

另一方面，民营企业也应比以往任何时候都更加重视正在建设中的、旨在服务国家战略的平台，包括"一带一路"和发展中的自由贸易试验区。民营企业自身壮大、走出去、在经济全球化的激烈竞争中弄潮的进程，与国家实力提振、政策部署相辅相成。

第四节　现代化经济体系中的企业生态

改革开放四十年以来，我国国家经济规模增加了 52 倍。经济体制历经了从计划经济到社会主义市场经济的深化改革，国企改革是贯穿中国改革开放的主线，民营企业的探索发展历程更可谓中国改革开放与经济发展的缩影。一国的核心竞争力归根到底来自企业。在当代中国改革开放的进程中，企业的发展是微观层面的鲜活记录。中国企业历经惊涛骇浪的改革，从"两权分离"、自主权突破、创新的活力、规模的扩张，今时今日的中国拥有了集中力量办大事的国企，也拥有在全球新兴行业的激烈竞争中颇受瞩目的民营企业。企业的发展是中国社会实力提振与结构变迁的经济根基。

发展中国企业不是空话，它是深化改革、推进国际合作、解决就业和税收等实际问题、并为国家竞争力开创全新局面的基石。政府需要战略和胸怀来创造最大限度的市场公平，消除企业的焦虑感和不安全感，让企业在市场洗礼中壮大生命。但改革过程决不是对任何企业的"利益输送"，它的目标是改善整个社会的资源配置。企业，包括民营企业，在追求自身效益和结构优化的同时，应更多承担社会责任，共同为提升国家竞争力作出应有贡献。

第 四 章

从"分地"到振兴，中国乡村的现代化之路

    农业是一国经济发展的基础，农业、农村和农民问题则是关系国计民生的根本性问题。回顾从中华人民共和国成立到改革开放再到新时期的国家农业政策和农业发展情况，可以更为深刻地理解"三农"问题的历史背景和演变过程。实际上，中央从 1982 年开始的连续五年和自 2004 年以来的连续十四年，每年新春发布的中央一号文件都是以农业、农村和农民为主题的。因此"三农"问题几乎成为了"一号文件"的代名词，足可见党和国家对此的重视程度。党的十八大以来，农业、农村发展和农民生活水平已经取得了长足的进步，但是面临新的社会经济现象和经济全球化带来的国际竞争，我国农业生产水平、农村发展活力和农民生活水平仍然有待提升。坚持理论创新、实践创新和制度创新，乡村振兴战略在 2018 年伊始经由"一号文件"发布，成为了中国特色社会主义新时代下"三农"工作的总抓手。"问渠哪得清如许，为有源头活水来。"为

了实现乡村全面振兴的大目标，以农村金融体制改革和农村金融产品创新为重点的支农金融为"三农"问题的进一步改善提供了全新的思路和充沛的动力。

第一节　"翻身得解放"与中国农村变革

中华人民共和国成立时，中国是典型的农业国家，农业占工农业总产值的比例高达 70%，农村人口占全国总人口比例超过 80%。然而，虽然农业在国民经济中占据核心地位，但农业发展程度落后、农民生活水平低下却是不争的事实。

一、新中国成立后的农业生产情况

从 1949 年到 1978 年改革开放之前近 30 年的时间里，中国的农业发展在不同时期、不同政策的导向下经历了不同的发展阶段。总体而言，新中国成立初期农业的发展势头良好，粮食及农作物产量相比新中国成立前出现了翻天覆地的变化。而在这一段时间的中后期，由于政治和社会等多种原因，农业发展势头放缓，甚至在某些时间出现停滞和倒退的现象，和国民经济的总体目标出现了较大的差距。

新中国成立初期，为了废除封建的土地所有制对农民的剥削，让农民真正当家做主，中央政府于 1950 年 6 月颁布了《中华人民共和国土地改革法》，开展了我国历史上最大规模的一次土地改革运动。土地改革为广大农民带来了实实在在的利益，也彻底改变了农业生产的格局。到 1952 年底，全国有 3 亿多无地少地的农民无偿获得了 7 亿亩的土地和大量的生产资料，农民土改前每年给地主缴纳的高达 3000 亿吨以上的粮食地租也得到了免除。广大农民在政治上、经济上彻底翻身解放，极大地激发了他们的生产积极性，大大解放了农村生产力。从 1949 年到 1952 年，中国粮食总产量年均增长 13.14%，人均粮食产量达到 1.64 亿吨。从 1952 年到 1957 年，农业总产值增长了 28.7%，年均增速 5.2%；其中粮食增长 19%，年均增长 3.5%；棉花增长 25.8%，年均递增 4.7%。同时，中小型农田水利设施在中央和地方规划统筹的情况下得到了大规模的修建和修缮，对于农业生产和农村生活水平的提升起到了极大的帮助。农业的高速发展和粮食及其他农作物的大幅增产为新中国成立初期恢复经济，并顺利开始实施第一个五年计划作出了重大的贡献。

土地改革理顺了生产关系，但是所形成的以家庭为单位的小农生产模式虽然在前期促进了农业增产；但随着国民经济的全面复苏，这种农业生产方式已无法满足日益发展的国家工业化对农业原材料的需求。中央政府逐渐意识到这种模式的限制，随即开始调整政策，促进农户单位向农村合作化的集体经济方式转变。合作化先后经历了互助组、初级农业合作社、高级农业合作社和人民公社等阶段。合作化运动在初始阶段确实解决了土改后农村存在的一些问题，尤其是提高了农民互助合作积极性，促进了农村生产力的发展。然而，事实证明，过于冒进的农村集体生产和经营体制却给中国的农业发展造成了严重的后果。首先，这种单纯追求规模和平均主义的集体生产模式没有充分考虑农业发展水平不均、农民贫富不均的实际情况，造成了生产低效、管理混乱的局面。其次，集体制的农业生产没有充分考虑农民的实际感受，剥夺了他们刚刚得到且为数不多的耕地和生产资料，严重挫伤了农民的生产积极性。从1958年农村集体化运动之后，中国不仅没有实现原先设想的规模化农业生产的预期，粮食产量反而出现增长缓慢甚至连年减产的局面，再加上这一时期人口总量的快速增长，直到70年代中期中国的人均粮食产量才恢复到集体化之前的水平。

二、新中国成立以后的农民生活水平

从中华人民共和国成立到改革开放之前的这段时间，农民的生活水平一度出现了明显的改善，但这一趋势在后期没有延续下去。

旧社会封建剥削的土地制度使得中国的广大农民一直处于被压迫、被剥削的状态。土改前占农村人口不到10%的地主和富农，占有70%到80%的土地及大部分的生产工具。广大农民为了养家糊口，不得不向地主租佃土地耕种，忍受残酷的剥削与压迫。50年代土地改革陆续完成后，农民真正成为了土地的主人，长期压抑的生产积极性和建设热情被彻底释放。随着建国初期粮食产量的大幅提升，农民的生活和收入水平也得到了明显的提高。1953年，农民净货币收入比1949年增长123.6%，农民购买力也有所增长，1953年比1949年增长111%，平均消费购买力增长了一倍。同时，大规模的农村公共卫生运动，如控制血吸虫、普及蚊帐抑制疟疾和"赤脚医生"制度的形成，也极大地提高了广大农民的健康水平，预期寿命和产妇死亡率都出现了极大的改善。生活状况得到改善后，农民的综合文化素质和知识水平也取得了提高。据统计，1951年，在农村兴办的学校中，入学的农民超过2500万人，1951年上常年夜校的农民达到1100万人。农民素质的逐渐提高，对农村经济的发展和农村社会的稳定都起到了重要作用。

从20世纪50年代中期农业集体化运动开始，农村开始经历从小农生产到社会主义集体经营，从分散的个体到集体统一经营的转变，而农民收入却逐渐陷入停滞状态。从1957年到1978年，农民的人均收入只从72.95元增长到133.57元，每年平均只增长2.88元。社员从集体分配得到的收入，人均每年只增长2元钱。分配以实物为主，现金通常只占其总额的1/4以下，平均一年增长0.4元，只相当于1.5公斤食盐的支出。农民家庭生活消费中食物支出所占的比重，从1957年的65.75%增加到1978年的67.71%，反映农民整体生活质量的相对下降。与此同时，国家为推进工业化采取了"先城市后农村""先工业后农业""先工人后农民"的政策。同时为了保障农业生产，政府出台了限制农民向城市流动的一系列政策包括户籍制度、就业制度。这些政策和措施的实行严重阻碍了城乡一体化发展，导致了城乡居民收入差距这一问题的出现。

第二节　从土地承包到城镇化之路

改革开放对中国经济的发展有着里程碑式的意义，在推动农业、农村变革的过程中也扮演着举足轻重的作用。对于中国这样的农业大国和人口大国，改革开放首先是从农业农村开始的。虽然中央政府自新中国成立以来一直高度重视农业发展和粮食安全，提出农业是国民经济的基础，粮食是基础的基础，国家也一直把发展农业放在国民经济工作的首位，投入大量人力、物力、财力，但是一直到人民公社解体，粮食和农产品短缺的问题始终没有解决好。在集体化的农业生产模式无法实现粮食的大幅增产，无法帮助中国农民脱贫致富的背景下，中国再次开始了农业领域的重大改革。

一、农村联产承包责任制的出现

改革开放给农村带来的最重要的变化即"家庭联产承包责任制"的出现。1978 年，安徽省凤阳县小岗村十八位农民以"托孤"的方式，冒着极大的风险，立下生死状，在土地承包责任书上捺下了红手印，由此拉开了中国农村改革的序幕，开了家庭联产承包责任制的先河。当年，小岗村即实现粮食大丰收。党的十一届三中全会以后，家庭联产承包责任制逐步在全国推开。1982年1月1日，中共中央发出第一个关于"三农"问题的"一号文件"，对迅速推开的农村改革进行了总结，明确指出包产到户、包干到户或大包干"都是社会主义生产责任制"，同时还说明它"不同于合作化以前的小私有的个体经济，而是社会主义农业经济的组成部分"。从此，"家庭联产承包责任制"得以名正言顺地在农村落地生根。

和小农经济不同，"家庭联产承包责任制"是以集体经济组织为发包方，以家庭为承包主，以承包合同为纽带而组成的有机整体。通过承包使用合同，把承包户应向国家上缴的定购粮和集体经济组织提留的粮款等义务同承包土地的权利联系起来；把发包方应为承包方提供的各种服务明确起来。家庭联产承包责任制的实质是打破了人民公社体制下土地集体所有、集体经营的旧的农业耕作模式，实现了土地集体所有权与经营权的分离，确立了土地集体所有制基础上以户为单位的家庭承包经营的新型农业耕作模式。

家庭联产承包责任制在尊重农民利益的基础上，纠正了长期存在的管理高度集中和经营方式过分单调的弊端，使农民在集体经济中由单纯的劳动者变成既是生产者又是经营者，从而大大调动农民的生产积极性，较好地发挥了劳动和土地的潜力，实现了农业生产连年大丰收。到80年代中期，初步解决了农民的温饱问题。

家庭联产承包责任制为农业发展和农民经济状况都带来了巨大的改善。1980年到1984年我国粮食产量连续五年增产，平均增长率 5.4%。中国农民人均收入从 1978 年的 134 元提高到 1994 年的 1224 元，扣除物价因素，年平均增长 8.2%；农民收入的增加带动消费的增长，1994 年，农民年平均消费支出达到 1087 元，比 1978 年增长 1.87 倍，年平均增长率 6.8%。农村剩余劳动力的出现也为日后乡镇企业的异军突起、农业生产化经营埋下了浓墨重彩的伏笔。

二、"三农"问题的逐渐浮现

改革开放以后的农村大胆实践和政府政策支持虽然为农业的增产带来了利好，但并未从根本上解决农村发展的诸多复杂问题，农村的发展形势也时好时坏，部分地区出现了不稳定的情况。在 1984 年取得改革以来第一个大丰收之后，部分农村地区出现了买粮难、卖棉难等现象，随后又出现了"打白条"、农民负担重、干群矛盾增加、农村社会不安定和城乡差距扩大等诸多问题。这些问题的出现使一批学者和主管干部意识到，农村工作不仅要解决农业问题，而且既要把农村、农业、农民问题区分开来分别研究，也要分析三者之间的关系，提出全面的解决方案。"三农"问题的分析框架逐渐形成，并成为了认识中国分析涉农现实问题的理论框架。"三农"问题在中国改革开放初期曾是"重中之重"，中共中央在 1982—1986 年连续五年发布以农业、农村和农民为主题的中央"一号文件"，对农业改革和农村发展做出具体部署。

90年代中期以来，一部分学者和实际工作部门人员已经把农业、农村、农民问题联系起来并分析论述。"三农"问题的理论就在全国形成了共识，被引用到文件、媒体和各种论著中。1998年10月，《中共中央关于农业和农村工作若干重大问题的决定》指出：农业、农村和农民问题，是改革开放和现代化全局建设的重大问题。主要表现在：第一，农村生产方式的落后。农业，尤其是现代农业，不等于种植业，而是一种技术和资本高度密集的产业门类。传统的生产经营方式缺乏技术、资本与有效管理制度的支持，导致了生产力落后、农业结构单一、农村市场不规范等问题的发生。乡镇企业无法实现高效率的管理体系与产品销售流程，农村经济的发展也受制于高素质人才、先进技术与市场资本的短缺。第二，农民生活保障不够。农业作为基础性产业，在生产、再生产循环等过程中面临着许多难以控制的风险。当前农产品阶段性短缺和阶段性过剩共存，特别是在中国密切融入全球经济的当下，农民收入受粮食产量和价格波动的影响较大。第三，乡村生活缺乏活力。一方面，我国乡村基础设施保障体系亟待完善，城乡之间要素合理流动机制亟待健全，村民的基本生活质量需要提高。另一方面，农村民生建设仍然相对薄弱，对年轻人吸引力不足，难以满足新型农民群众日益增长的物质和非物质需求。

没有农村的稳定，就没有全国的稳定；没有农民的小康，就没有全国人民的小康；没有农业现代化，就没有整个国民经济的现代化。稳住了农村这个大头，就有了把握全局的主动权。将"三农"

问题结合在一起分析，并提出全局性的方案，中央政府已经开始为长期全面的农业农村改革准备新的战略方案。进入新世纪，国家在新的战略目标下对农村工作提出了新的要求。提出建设社会主义新农村，将发展农业现代化确立为新农村建设首要目标，同时强调改善农村的治理机制，提高农民的生活质量。

第三节　走向全面小康之路上的重点与难点

"三农"问题在我国作为一个概念提出来是在 20 世纪 90 年代中期，此后逐渐被媒体和官方引用。实际上这些问题自新中国成立以来就一直存在，只不过随着中国第二和第三产业在改革开放以后的快速发展，"三农"问题在当前显得尤为突出，其实质在于农业农村的现代化问题。作为第一产业，农业为一个经济体提供了最基本的生产资料和劳动力。可以说，对于中国这样的国家，全面小康与农业农村的现代化紧密联系在一起。农村、农村和农民不实现现代化，整个中国的现代化就不可能实现，全面小康也就难以实现。目前农村小康之路上的重点和难点主要存在于以下三个方面：

一、传统的农业生产方式的限制

在生产要素价格不断上升的情况下，以单一农户为单位和非机械化种植为手段的生产经营模式难以为继。小农经济早已无法满足农业现代化对高度密集型技术和资本的需求。随着工业化、城镇化进程的不断加深，我国农业的劳动生产率仅相当于第二产业的八分之一、第三产业的四分之一。农业生产要素不断流失，农业经济也开始面临前所未有的挑战。

"大国小农"是目前我国的基本国情。专家在研究目前中国农业经济的问题时发现，在相当长的一段时间内，小农户依然会是我国农业经营最主要的模式，是保障农产品有效供给的基础。对于农业经济目前面临的挑战，目前问题的关键在于农业现代化，而农业现代化必须依赖科技创新这一强大的驱动力。由于农业以小农户为生产主体，因此技术转化过程相对较长。因此，必须加快前沿技术的推广应用，并将其转化成农业生产中的实际生产力。

二、传统农业资金支持政策的不足

在很长的一段时间内，以直接财政补贴为主的农业资金支持政策一直是我国在处理农业经济发展时的最直接手段，并在一定时间内取得了阶段性成就。然而，考虑到农业自身的特殊性，传统的农业支持方式在解决资金分配不均的问题上缺乏灵活性，无法充分调动生产积极性，并使农民获得与其生活、劳动相对应的收益。另一方面，在多年的实践中，财政补贴的作用已经逐渐趋于饱和。

传统农业政策的问题很大程度上源于未能充分利用金融这一现

代资金杠杆手段来充分调动市场资源并进行合理配置以促进农村发展。与传统农业支持政策缺乏灵活性和效率的缺点相比，现代农业金融工具在跨时资源配置上的优势，有利于解决目前农业支持政策在资金覆盖面、补助公平性等方面的问题。在直接补贴的"黄箱"政策快要达到补贴"天花板"的时候，应该丰富农业政策的内容，逐渐地由"黄箱"政策主导的农业支持政策转变为间接补贴的"绿箱"政策占更大比重的农业支持政策。

三、农村人口结构的变化

改革开放以来，城镇化的不断推进是促进中国城乡居民收入不断提高的重要动力。但是，随着劳动力从农村到城市的转移和整体老龄化程度日益上升，大量乡村家庭实际上仅剩下未成年人和老年人生活，我国农村的人口结构逐渐呈现出"空心化"现象。这一现象不仅造成了乡村缺乏经济活力的现实，更导致了如"留守儿童"一样的严重社会问题。

与此同时，农村经济发展缺乏所需要的人才，农村基础设施建设、管理建设、经济发展规划亦缺乏驱动力。在乡村振兴战略成为农村全面发展指导思想的大背景下，这些现状显然不利于农业现代化和美好乡村计划的实现。实际上，在"大国小农"这一特殊背景之下，劳动力的流失和"空心化"虽然给传统农业经济的增长添加了负担，但是又为现代化农业的快速增长提供了机遇。

第四节 引入金融"活水"，实现乡村振兴

要解决"三农"问题，既要从科技、政策、社会等方面全面分析"三农"问题的本质，也要紧紧围绕乡村振兴战略这一新时代"三农"工作的总抓手，提出具有战略意义且实际可行的措施，解放农业农村经济体的活力。实施乡村振兴战略，需要逐步扩大农村金融服务规模和覆盖面，加快建立多层次、广覆盖、可持续、竞争适度、风险可控的现代农村金融体系。具体来看，实施乡村振兴战略，金融业应积极助力，解决乡村振兴中的"钱袋子"问题。金融产业固有的资源配置的优势可以解决农业发展中的资金缺口问题，通过有效的资本流动保质保量地推动农业经济的发展，从而推进乡村振兴战略的实施。

一、农村金融改革的必要性

2018 年中央"一号文件"提出："坚持农村金融改革发展的正确方向，健全适合农业农村特点的农村金融体系，推动农村金融回归本源，把金融资源配置到农村经济社会发展的关键领域和薄弱环节，更好满足乡村振兴多样化金融需求。"为此，广大金融服务部门应根据自身定位，积极推进农村"两权"抵押贷款、加快服务网点布局，提供政策性贷款，为乡村振兴引入金融活水。

长期以来，我国主要依靠财政直接补贴来支持农业发展的弊端在农业现代化的战略目标下已经显露无遗。增加农民收入和保障我国粮食安全是我国农业发展中的两大长期性目标，要实现双重目标就必须在农业直补上做文章。加快农业补贴"黄箱"政策向"绿箱"政策转变，是国际上支农政策的大趋势，"把饭碗端在自己手里"，亟须加快农业补贴政策制度变革。

二、金融创新与"三农"问题的有效解决

农业和农村金融的形式多样，除了传统的银行信贷支持，证券、保险、期货等金融工具也在解决"三农"问题中扮演着越发重要的角色。以保险为例，中央"一号文件"对保险工作提出了明确要求。具体来看，就保险而言，文件主要聚焦两个方面：一是在谈及完善农业支持保护制度时，文件指出，要探索开展稻谷、小麦、玉米三大粮食作物完全成本保险和收入保险试点，加快建立多层次农业保险体系；二是在谈及如何提高金融服务水平时，文件强调，要稳步扩大"保险＋期货"试点，探索"订单农业＋保险＋期货（权）"试点。

传统的农业保险和农村保险涵盖了农牧产品、农民生活、养老、医疗等各个方面。总体来看，多年以来，我国农业保险发展还比较粗放，保障水平较低。此前我国确立的原则是"低保障、广覆盖"，即扩大覆盖面，但保障较低。为有效地提高保障水平，政府

的思路转变为"扩面、提标、增品",争取全方位保证农民的收益,有效解决农业保险保额低、资源分配缺口等问题。其中,"扩面"即扩展保险的覆盖面,"增品"即增加保险品种,"提标"则表示提高保障水平。为此,借助金融创新的潜力,大力开发不同类型的农业、农村保险产品可有效解决"三农"问题中农业发展资金缺口等问题,从而解放农业生产的潜力,在守住红线的同时大力推进我国农业现代化进程。

农业保险的一项创新即开展"收入保险"产品的创新型试点工作。过去,中国的种植业保险叫成本保险,核损标准依据灾害发生的时期,与国际上农检的"产量保险有所差别"。保险仅仅考虑了成本变动,而忽略了其他因素对农民收益的影响。开发收入保险采取"自然风险与价格风险并保"的方式,规避了价格、产量的因素导致的农业经济收入的风险,从而为农民提供了更好的保障,增强了其抵抗各类风险的能力。作为试验点之一,上海在农险改革方面已经取得了重要成果。从农险改革试验的历史维度来看,上海的农业保险改革已经经历了成本保险、产量保险、价格保险和收入保险四个时期,从 2016 年开始,收入保险也正式将上海作为试点。对于上海保险业而言,收入保险使得上海农业保险摆脱了单一的灾害损失补偿功能,也使得政府在行使农业风险管理职能、承担多项社会责任方面发生了转变,促进了上海都市现代农业的健康持续稳定发展。

另一项探索是将三大主粮完全成本保险纳入今后的发展方向。

所谓完全成本保险，即在完全保障物化成本的基础上将中低劳动成本纳入保障范围，隐含了各类生产要素的平均价格。我国目前的农业保险多处于保物化产品阶段，多数省份中的成本保险也未能完全覆盖所有类别的物化成本，保障水平低的问题一直十分突出。完全成本保险的开发有助于解决农业保险保障水平低、对农民吸引力弱等现实问题，调动农民从事农业活动的积极性，推进乡村振兴战略的全面实施。

在经济全球化日趋紧密的当下，如何利用金融手段提升中国农业和农产品的国际竞争力也是农业现代化的应有之义。近几十年来，全球农产品贸易处在不对等关系中，且越发严重。究其原因，一方面，发达国家的农业生产已进入现代化大农业生产阶段，利用 WTO 等国际贸易规则为跨国粮食扩张披上合理外衣，通过巨额农业补贴向发展中国家进行农产品倾销，实现农业结构优化的外部转移。另一方面，跨国粮食巨头在全球农产品贸易中进行资本化运作，通过控制加工、仓储、物流等关键环节实现了从种子到餐桌的全产业链控制和经营，垄断了农产品国际贸易，使得发展中国家的农产品生产者价格和世界消费者价格高度不相关，使发展中国家丧失粮食自给能力，只能处在现代农业产业链中的低端环节，更加无法完成农业的现代化转型。

目前全球农产品贸易价值链被西方发达国家控制，发展中国家少有发言权。如芝加哥商品交易所（CME）是传统谷物期货重镇，农产品期货交易量约占世界总量的 90%，所形成的价格成为国际农产品市场的基准价格；赫赫有名的 ABCD（美国阿彻丹尼尔斯米德兰公司 ADM、美国邦吉 Bunge、美国嘉吉 Cargill 和法国路易达孚 Louis Dreyfus）四大粮商掌控全球粮食贸易总额的 60%，形成垄断地位。尽管在发展中国家也存在一些后起之秀，如中粮国际，但受制于西方以定价机制为核心的农贸市场，无法动摇四大粮商的垄断地位。

随着人民生活水平的提高，对于禽蛋肉等蛋白质农产品的消费量快速上涨。而当代农业、畜牧业和渔业是典型的资本、技术高度密集的产业，中国亟须增加投入，争取对于国际定价权的影响力，力争改变目前不平等、不公正的全球农产品贸易体系。在加强国内关键基础设施建设、健全相关规范条例、促进粮食增产的基础上，中国还可以寻求与其他国家合作，提出关键政策，加强彼此农产品贸易信息沟通机制，并最终建立国际期货市场，增强对于国际市场价格波动的控制力。

既分别针对农业、农村和农民的各自"痛点"，又将"三农"问题结合在一起通盘考虑解决方案，乡村振兴战略为中国涉农问题的研究与实践指明了方向。在中国特色社会主义新时代，以保险和期货为代表的支农金融创新正在进入快速发展的关键阶段。通过将完全成本保险纳入今后的方向性目标，综合收入保险、成本保险等各类保险，中国一定能够不断提升农业经营水平，改善农民生活保障，从而为中国乡村的全面振兴提供充沛的动力与活力。

第　五　章

从绿水到金山：生态文明的演进之路

1978 年到 2018 年，改革开放整整四十年，中国的环境保护、绿色发展事业从无到有，逐步从理念、制度落实到机构、实践，从单纯的技术手段治理，发展到行政、法律、经济、金融等综合手段治理，不断建立和健全生态文明发展和建设的体系，直至写入宪法，形成了具有中国特色的生态文明演进之路，推动整个中国社会、经济和生态环境进入了发展新时代。

第一节　关于绿色的理念不断深化

40 年前，中共中央第一次对环境保护做出重要指示。1978 年，中共中央批准了国务院环境保护领导小组关于《环境保护工作汇报要点》，指出："消除污染，保护环境，是进行社会主义建设、实现四个现代化的一个重要组成部分……我们绝不能走先污染、后治理的弯路。"这标志着我国环境保护事业步入了改革创新的新时期。

40 年后，2018 年 3 月 11 日下午，十三届全国人大一次会议第三次全体会议经投票表决，通过了《中华人民共和国宪法修正案》。修订后的宪法，明确写入了"生态文明"，彰显了生态文明建设在"总体布局"的高度，成为了国家意志，"美丽"也由此成为与"富强、民主、文明、和谐"并列且不可或缺的新时代中国特色社会主义五大特征之一。

宪法修正案中关于"生态文明"的表述包括：宪法序言第七段修改为"推动物质文明、政治文明、精神文明、社会文明、生态文明协调发展，把我国建设成为富强民主文明和谐美丽的社会主义现代化强国，实现中华民族伟大复兴"。第八十九条"国务院行使下列职权"第六项修改为"领导和管理经济工作和城乡建设、生态文明建设"。

生态文明建设进入宪法符合新时代中国的客观需要。作为国家的根本大法，宪法的地位至高无上。现行宪法是 1982 年实施的，历经 1988 年、1993 年、1999 年和 2004 年和 2018 年的 5 次修改。在这期间，我国出台有多部生态环境资源法律，但生态文明建设还没有纳入总体布局。十八届三中全会后，生态文明建设的理论框架开始搭建并逐渐推进。2012 年，"美丽中国"写入党的十八大报告，生态文明建设纳入"五位一体"总体布局；这一年，生态文明建设通过党的十八大提出的修正案，首次写进了党章。2013 年以来，生态文明每年都以专门的篇章形式进入政府工作报告，2014 年以来进入了所有修改或者制定的环境保护法律法规。2017 年，党的十九大报告将"生态文明"列为社会主义现代化新征程的重要组成部分。2018 年 1 月，党的十九届二中全会审议通过的《中共中央关于修改宪法部分内容的建议》，"生态文明"两次写入要提请十三届全国人大一次会议审议的宪法修正案。这标志着，生态文明建设符合中国特色发展道路的国情需要，是新时代中国发展的客观要求。

生态文明写入宪法，不仅使其具有了更高的法律地位，拥有了更强的法律效力，在执行层面，更是要求生态文明体制改革必须符合宪法规定，这就要求无论是国家工作人员、企业或者普通老百姓，在工作和生活过程中，都必须要牢记生态文明建设的迫切要求，把生态文明建设的具体措施落到实处，依法推进生态文明建设。

第二节　关于绿色的机构不断强化

环境保护部门从无到有、从非独立的国务院局级部门到独立的国务院正部级组成部门，机构职能不断强化，也体现了国家和社会对生态环境保护和绿色发展的认识和行动不断深化的过程。

一、国务院环境保护领导小组→国家环境保护局（非独立）

1974 年 10 月，国务院环境保护领导小组正式成立，主要职责是：负责制定环境保护的方针、政策和规定，审定全国环境保护规划，组织协调和督促检查各地区、各部门的环境保护工作。

1982 年，我国首次将"环保"列入政府机构名称。1982 年 5 月，第五届全国人大常委会第二十三次会议决定，由国家城市建设总局、国家建筑工程总局、国家测绘总局和国家基本建设委员会的部分机构，与国务院环境保护领导小组办公室合并，成立城乡建设环境保护部，部内设立环境保护局。其职能很单一，主要管理工业企业的废水、废气和废渣问题。

1984 年 5 月（国发〔1984〕64 号），成立国务院环境保护委员会，其任务是：研究审定有关环境保护的方针、政策，提出规划要求，领导和组织协调全国的环境保护工作。委员会主任由副总理兼任，办事机构设在城乡建设环境保护部（由环境保护局代行）。

1984 年 12 月，城乡建设环境保护部环境保护局改为国家环境保护局，仍归城乡建设环境保护部领导，同时也是国务院环境保护委员会的办事机构，主要任务是负责全国环境保护的规划、协调、监督和指导工作。

二、国家环境保护局（国务院副部级直属机构）→国家环境保护总局（国务院正部级直属机构）

1988 年 7 月（国机编〔1988〕4 号），将环境保护工作从城乡建设部分离出来，成立独立的国家环境保护局（副部级），明确为国务院综合管理环境保护的职能部门，作为国务院直属机构，也是国务院环境保护委员会的办事机构。环境保护部门拥有了独立的人、财、物，可以行使政策制定、排污监督的职能。

1998 年 6 月（国发〔1998〕5 号、国办发〔1998〕80 号），国家环境保护局升格为国家环境保护总局（正部级），是国务院主管环境保护工作的直属机构。撤销国务院环境保护委员会。职责为：拟定国家环境保护的方针、政策和法规，制定行政规章；受国务院委托对重大经济和技术政策、发展规划以及重大经济开发计划进行环境影响评价；拟定国家环境保护规划；组织拟定和监督实施国家确定的重点区域、重点流域污染防治规划和生态保护规划；组织编制环境功能区划。

三、环境保护部（国务院正部级组成部门）→生态环境部（国务院正部级组成部门）

2008 年 7 月（国办发〔2008〕73 号），根据十一届全国人大一次会议审议通过的国务院机构改革方案，国家环境保护总局升格为环境保护部，成为国务院组成部门。其职责是负责拟订并实施环境保护规划、政策和标准，组织编制环境功能区划，监督管理环境污染防治，协调解决重大环境保护问题，还有环境政策的制订和落实、法律的监督与执行、跨行政地区环境事务协调等任务。

2018年3月，根据十三届全国人大一次会议批准的国务院机构改革方案，将环境保护部的职责，国家发展和改革委员会的应对气候变化和减排职责，国土资源部的监督防止地下水污染职责，水利部的编制水功能区划、排污口设置管理、流域水环境保护职责，农业部的监督指导农业面源污染治理职责，国家海洋局的海洋环境保护职责，国务院南水北调工程建设委员会办公室的南水北调工程项目区环境保护职责整合，组建生态环境部，作为国务院组成部门。生态环境部对外保留国家核安全局牌子，其主要职责是制定并组织实施生态环境政策、规划和标准，统一负责生态环境监测和执法工作，监督管理污染防治、核与辐射安全，组织开展中央环境保护督察等。不再保留环境保护部。

生态环境部的组建，把现有相关部委——国家发改委、国土资源部、水利部、农业部、国家海洋局、国务院南水北调工程建设委员会——涉及环境治污领域的方方面面职责全部进行了整合。生态环境部部长李干杰表示，组建生态环境部将实现"五个打通"：第一是打通了地上和地下；第二是打通了岸上和水里；第三是打通了陆地和海洋；第四是打通了城市和农村；第五是打通了一氧化碳和二氧化碳，也就是统一了大气污染防治和气候变化应对。这样的整合才能真正实现对山水林田湖的整体保护、系统修复和综合治理。

　　机构职能的强化有利于改善原来环境治理的两点弊端：一是环境保护职能的横向分散，造成职责交叉重复，叠床架屋、九龙治水、多头治理，出了问题责任不清楚。二是监管者和所有者没有很好地区分开来，由此带来效率较低、监管不到位、"公地悲剧"等后果。生态环境部的组建将在很大程度上改善此前部门职能重叠造成的资源浪费，减少出现监管死角和盲区，集中力量加大环境执法力度和污染整治力度。

第三节　关于绿色的治理不断加强

　　环境保护相关治理体制机制不断健全和完善。2017 年，中央环保督察持续深化，完成第三批、第四批对 15 个省份督察，全国26 个省份开展或正在开展省级环保督察。坚决禁止洋垃圾入境，调整进口废物管理目录，开展打击进口废物加工利用行业环境违法行为专项行动和固体废物集散地专项整治行动，限制类固体废物全年进口量同比下降 11.8%。两办印发按流域设置环境监管和行政执法机构、设置跨地区环保机构试点方案，江苏、山东、湖北等 9 省（市）省以下环保机构垂直管理制度改革实施方案新增备案。完善环境经济政策，国务院有关部门发布环保电价、提高排污收费征收标准等 22 项配套政策。全社会环境意识有所增强，广大群众参与环保的积极性高涨，文明、节约、绿色的消费方式和生活习惯逐渐成为全社会行为准则。

为科学合理地处理一些出现的问题，把现有的环境保护成果带给更多的人民群众，并不断提升和改善生态环境质量，让人民群众对生态环境质量的满意度进一步提高，将从更广、更深、更细三个方面继续探索和加强绿色治理能力。

一是空间扩展得更广。2018 年 2 月 2—3 日，李干杰在 2018 年全国环境保护工作会议上强调："坚决打赢蓝天保卫战，以京津冀及周边、长三角、汾渭平原等重点区域为主战场，坚决加快调整产业结构、能源结构、交通运输结构，狠抓重污染天气应对。"在珠三角区域细颗粒物（PM2.5）平均浓度连续三年达标、北京市 PM2.5 显著下降的情况下，将近年来城市大气污染出现反弹、不降反升城市诸多的汾渭平原地区纳入重点区域，并将进一步完善京津冀、长三角、汾渭平原地区污染防治协作机制，稳步推进成渝、东北、长江中游城市群等其他跨区域大气污染防治联防联控。从中央层面进行重视和推动，加强跨域协调，促进省级层面的产业结构调整力度，形成城市之间的协同和联防联控合力，确保更大区域的群众"蓝天幸福感"明显提升。

二是领域拓展得更深。在巩固空气质量改善的明显成果基础上，进一步深化对水、土壤的污染治理和修复，加大生态系统保护力度。坚决打赢蓝天保卫战，按照十九大、中央经济工作会议的部署、安排和要求，加快制订和落实执行"打赢蓝天保卫战三年计划"，确保 3 年取得更大成效，加大重点区域大气污染防治实施力度，稳步推进北方地区清洁取暖。着力开展清水行动，深入实施新修改的《水污染防治法》，以《水十条》为纲，坚持山水林田湖草系统治理，扎实推进河长、湖长制实施，推进地表水饮用水水源地清理整治，打好城市黑臭水体歼灭战，全面开展农村环境综合整治，推进重点河口海湾污染防治，进一步提升全国地表水 I—III 类水体比例。扎实推进净土行动，全面实施《土十条》，加快推进土壤污染综合防治先行区建设和土壤污染治理与修复技术应用试点，提升农用地和建设用地安全，强化固体废物污染防治，加快推进垃圾分类处置，优化危险废物处置设施布局，深入推进土壤污染状况详查，推动开展"无废城市"建设试点。加快生态系统保护与修复，划定并严守生态保护红线，实施生态系统保护和修复重大工程，加强自然保护区建设和管理，推进建立以国家公园为主体的保护地体系，优化城市绿色空间。

三是方式发展得更全面。强化环境执法督察，充分利用好中央环保督察这一利器，进行整改情况"回头看"，把督察成果进一步压实压牢；针对污染防治攻坚战的关键领域和重点区域开展机动式、点穴式专项督察。在试点的基础上全面推开省以下环保机构垂直管理制度改革，形成条块结合、各司其职、权责明确、保障有力、权威高效的地方环境保护管理体制，切实增强环境监测监察执法的独立性、统一性、权威性和有效性。

注重发挥市场在资源配置中的决定性作用，进一步运用一系列财税、金融等手段健全和改善资源配置的激励机制，发挥绿色金融的杠杆作用，撬动社会资金引向污染治理和节能减排等绿色产业，让经济结构、能源结构、交通结构变得更为清洁和绿色，书写"绿水青山就是金山银山"的美好注脚。推动银行业金融机构加大对绿色产业的贷款支持力度，在宏观审慎评估（MPA）考核中进一步明确绿色金融的考核要求，在货币政策中落实"优先接受绿色贷款资产作为信贷政策支持再贷款和常备借贷便利的担保品"，进一步探索针对绿色信贷的定向降准、降低绿色信贷风险权重等；加大对绿色信贷的财政贴息力度，健全环保信用评价，完善财政、银行、环保等多部门单位的信息沟通共享机制。进一步推动绿色债券市场发展壮大，利用好债券市场进一步服务国内绿色产业发展和绿色"一带一路"建设；强化绿色债券信息披露，严防"洗绿"项目通过绿色债券获取融资；发行以绿色债券指数为基础的绿色金融产品，扩大绿色债券的投资者群体。深化全国统一碳市场建设进程，在防范市场金融风险的基础上适度开展碳金融；在电力行业试点工作基础上，逐步纳入石化、化工、建材、钢铁、有色、造纸和航空等七大高能耗行业，通过市场机制有效推动碳价格对企业成本的压力传导，从而推动温室气体减排，并有效降低全社会减排成本。健全环保信息强制性披露制度，按照国务院办公厅印发的《关于推进社会公益事业建设领域政府信息公开的意见》（国办发〔2018〕10 号）要求，进一步做好社会广泛关注的大气污染防治、水污染防治、土壤污染管控和修复等信息的公开工作，重点公开环境污染防治和生态保护政策措施、实施效果，污染源监测及减排，建设项目环境影响评价审批，重大环境污染和生态破坏事件调查处理，环境保护执法监管、投诉处理等信息；逐步推动上市公司环境信息强制性披露工作。

第四节　关于绿色的发展不断提升

习近平总书记在十九大报告中指出："生态文明建设成效显著。大力度推进生态文明建设，全党全国贯彻绿色发展理念的自觉性和主动性显著增强，忽视生态环境保护的状况明显改变。生态文明制度体系加快形成，主体功能区制度逐步健全，国家公园体制试点积极推进。全面节约资源有效推进，能源资源消耗强度大幅下降。重大生态保护和修复工程进展顺利，森林覆盖率持续提高。生态环境治理明显加强，环境状况得到改善。引导应对气候变化国际合作，成为全球生态文明建设的重要参与者、贡献者、引领者。"最为典型的是深受雾霾困扰的北京居民在 2017 年对良好天气习以为常，在微信朋友圈越来越少地"晒蓝天"。

蓝天保卫战取得阶段性战果。自 2013 年党中央、国务院颁布实施《大气十条》5 年来，《大气十条》确定的各项空气质量改善目标得到全面实现，重点区域明显好转。2017 年，全国地级及以上城市可吸入颗粒物（PM10）比 2013 年下降 22.7%，京津冀、长三角、珠三角等重点区域 PM2.5 分别比 2013 年下降 39.6%、34.3%、27.7%；珠三角区域 PM2.5 平均浓度连续三年达标；北京市 PM2.5 从 2013 年的 89.5 微克／立方米降至 2017 年的 58 微克／立方米。在监测的 338 个地级及以上城市中，城市空气质量达标的城市占 29.3%，比上年提高 4.4 个百分点。PM2.5 未达标城市年平均浓度 48 微克／立方米，比上年下降 5.9%。

主要污染物和二氧化碳排放的增长趋势基本得到遏制。根据中国人民大学重阳金融研究院和中国人民大学生态金融研究中心的一项研究：（1）中国人均二氧化硫排放量从 1981 年的 137 千克，最高增长到 2006 年的 197 千克，下降到 2016 年的 80 千克，比 1981 年下降 41.61%，比 2006 年下降 59.39%。（2）中国人均氮氧化物排放量从 2006 年的 116 千克，最高增长到 2011 年的 178 千克，下降到 2016 年的 101 千克，比 2006 年下降 12.93%，比 2011 年下降 43.26%。（3）中国人均化学需氧量排放量从 1997 年的 142 千克，最高增长到 2011 年的 186 千克，下降到 2016 年的 76 千克，比 1997 年下降 46.48%，比 2011 年下降 59.14%。（4）中国人均氨氮排放量从 2001 年的 1 千克，最高增长到 2011 年的 1.9 千克，下降到 2016 年的 1.5 千克，比 2001 年增长 50.00%，比 2011 年下降 21.05%。（5）中国人均二氧化碳排放量从 2000 年的 2.370 克，最高增长到 2013 年的 7.007 千克，下降到 2016 年的 6.740 克，比 2000 年增长 184.39%，比 2013 年下降 3.81%。

能源资源利用效率进一步提高，节能减排成绩突出。2017 年，全国万元国内生产总值能耗比上年下降 3.7%，完成全年目标任务，万元国内生产总值二氧化碳排放下降 5.1%；在能源消费总量中，清洁能源消费占比上升，天然气、水电、核电、风电等清洁能源所占比重为 20.8%，比上年上升 1.3 个百分点；重点耗能工业企业单位烧碱综合能耗下降 0.3%，吨水泥综合能耗下降 0.1%，吨钢综合能耗下降 0.9%，吨粗铜综合能耗下降 4.8%，每千瓦时火力发电标准煤耗下降 0.8%。全国万元国内生产总值用水量比上年下降 5.6%，万元工业增加值用水量下降 5.9%，新增高效节水灌溉面积 144 万公顷。全年完成造林面积 736 万公顷，新增水土流失治理面积 5.6 万平方公里。

中国绿色金融取得了蓬勃发展，金融对绿色产业的支持力度和能力持续提升，还有力地推动了全球绿色金融的大步迈进，俨然已经成为全球绿色金融发展的旗手。根据中国银监会的数据，国内 21 家主要银行机构绿色信贷规模从 2013 年末的 5.20 万亿元增长至 2017 年 6 月末的 8.22 万亿元。截至 2017 年 6 月末，节能环保项目和服务贷款预计每年可节约标准煤 2.15 亿吨，减排二氧化碳 4.91 亿吨，相当于北京 7 万辆出租车停驶 336 年，或相当于三峡水电站发电 8.4 年形成的二氧化碳减排当量。根据相关统计，2017 年全年中国在境内和境外累计发行绿色债券（包括绿色债券与绿色资产支持证券）2400 亿元左右，约占同期全球绿色债券发行规模的 25%，在国际上处于领先地位。自 2011 年开展碳排放权交易试点工作、建立 9 个碳交易试点开展地区的基础上，2017 年 12 月 19 日正式启动覆盖全国的统一碳市场，将超越欧盟成为全球最大的区域性碳排放权交易体系。为加大金融对改善生态环境、资源节约高效利用的支持，2017 年 6 月 14 日，经国务院常务会议决定，在浙江、江西、广东、贵州、新疆五省区选择部分地方，建设绿色金融改革创新实验区，为我国绿色金融的全面推行进行试点探索，标志着我国地方绿色金融体系建设正式进入落地实践阶段。

40 年来，中国虽然在生态环境领域取得积极进展，以空气质量为代表的生态环境质量得到明显改善，能源结构调整、落后产能淘汰等建设生态文明的标志性工程和措施基本超前超额完成，但一些舆论质疑环保"一刀切"，提出"环保极端主义""环保原教旨主义""只要环保、不要民生"等负面信息甚嚣尘上。

应该说，整个国家下大力气进行环境保护，污染治理力度之大、制度出台频度之密、执法督察尺度之严，以及环境改善速度之快，都是前所未有。推动环境质量改善的根本目的还是为广大人民群众提供更好的环境和生态，满足大家对美好生活环境方面的要求。积极开展环境保护工作，大力发展绿色产业，不仅能为环境质量改善提供良好的政策环境和产业基础，还能为经济发展形成新的增长点，为改善民生和增加就业提供更好的保障，从而为实现"绿水"到"金山"营造全面和完善的制度、体系、政策、意识环境和氛围。

习近平总书记在党的十九大上向世界庄严宣示"中国特色社会主义进入了新时代"，中国的生态文明建设也进入了新时代。随着对高质量发展的期待，人民群众对生态环境质量的要求也进一步提高。对环保相关的一些质疑，也体现了社会大众对生态环境的高度关注，要求生态环境相关工作需要在更高水平上稳中求进，保持平衡，巩固取得的生态环境保护成果，继续进取，用人民群众对环境质量不断改善的感受、人民群众日益增长的优美生态环境需要满足度作为政策措施好坏的衡量标准，从更广、更深、更全面三个方面做好落实，发动社会各个方面参与到生态环境治理和保护，让他们实实在在感受到了生态环境质量改善的好处，争取推动中国二氧化碳排放早日达峰，尽早越过库兹涅茨环境拐点，为中国和世界描绘出一条光明的生态文明演进的康庄大道。

第 六 章

从"先富"到公平：收入结构的优化之路

随着十九大的召开，全世界人民的目光汇聚中国。中国如何深入贯彻创新、协调、绿色、开发、共享的发展理念，不断适应、把握、缓解人民日益增长的美好生活需求和发展不平衡不充分之间的矛盾是国内外人民关注的焦点。而收入问题作为国内老百姓一直关注的核心话题，也是我国一直致力于解决的重要问题。改革开放四十年以来，我国对于收入进行了多种改革并且取得了一定效果。本文将通过回顾改革开放四十年以来的收入改革，分析在经济新常态下，我国如何继续进一步深化收入分配改革、共享经济发展成果的对策。

第一节 为了世界上最大的中等收入群体

改革开放四十年以来，中国社会进入了新时代，以新发展理念为指导，我国经济社会取得了一系列新进展。1978—2011 年，全国农村居民家庭人均纯收入由 133.6 元增加到 6977.29 元，增长 51.2 倍，年均递增 12.67％；城镇居民家庭人均可支配收入由 343.4 元增加到 21809.8 元，增长 62.51 倍，年均递增 13.35％；城镇单位就业人员年平均工资由 615 元增加到 41799 元，增长 66.97 倍，年均递增 13.59％。这一时期成了中华人民共和国成立以来居民收入增长最快、得到实惠最多时期，居民生活质量因此持续改善。广大居民生活实现了由贫困到温饱再到总体小康的历史性跨越，发生了根本性的改变。①

经过四十年发展，凭借着"逢山开路，遇水架桥"的探索精神，中国人民成功走出了一条中国特色社会主义道路，进入中国特色社会主义新时代，为当前深化改革、实现共同富裕奠定了坚实的物质基础。

四十年来，不仅经济发展取得了显著的成就，新型城镇化进程也稳步推进，居民收入呈现多元化增长。2017 年，中国城镇化率达 58.52％，比上年末提高 1.17 个百分点。2013—2017 年，城镇新增就业连续四年均保持在 1300 万人以上，调查失业率则降到了近五年来的最低点。城镇化进程带来居民收入逐年提高，2017 年，全国居民人均可支配收入 25974 元，比上年增长 7.3％。按世界银

---

①　江野军：《收入分配制度改革历程、成效、问题与目标取向》，《价格月刊》2013 年 2 月总第 429 期。

行 2015 年最新公布的收入分组标准，我国正向"高收入国家"大幅靠近。从收入来源上看，2017 年全国居民人均工资性收入占可支配收入的比重为 56.3%，经营净收入占 17.3%，财产净收入占 8.1%，转移净收入占 18.3%，收入来源多元化格局日益显现。

改革开放得到广大人民的高度拥护，四十年以来我国经济发展面临的匮乏、贫困、短缺问题，也就是"有没有"的问题总体上已得到成功解决，国内生产总值稳居全球第二，人民生活显著改善，人均 GDP 接近 9000 美元，从根本上颠覆了"短缺经济是社会主义经济的主要特征"的错误论断，国际地位大幅提高。[①]

特别是 2013 年至 2018 年间，中国形成了世界上人口最多的中等收入群体，居民人均可支配收入增加了 9000 多元，百姓钱袋子更鼓了；城镇新增就业累计 6500 万人以上，接近法国 6720 万的总人口数。与此同时，中国农村累计减少贫困人口 6853 万人，平均每年减贫超过 1300 万人。这场全世界最大规模人口的脱贫攻坚战，创造了每小时约 1500 人，每分钟约 25 人脱贫的人类纪录。

2018 年 1 月 18 日，国家统计局公布了 2017 年国民经济运行成绩单。2017 年统计公报中，全国居民人均可支配收入实际增长 7.3%，增速比上年加快 1.0 个百分点，快于国内生产总值增速 0.4 个百分点。2017 年末农村贫困人口比上年末减少 1289 万人，超额

[①]　李伟：《中国经济迈向高质量发展新时代》，《中国经济时报》2018 年 1 月 29 日。

完成全年目标任务。根据测算，在未来 3 年内，全国居民人均可支配收入年均实际增速在 4.7%以上，即可实现到 2020 年居民人均可支配收入实际增长翻番目标。

随着经济发展和收入水平提升，我国居民消费水平及需求不断提升。从 2012 年到 2016 年，城市居民人均消费支出提高了 38.4%，而农村居民人均消费支出飞升，达到了惊人的 71.5%。2017 年，全国居民人均消费支出 18322 元，比上年增长 5.4%，其中农村居民人均消费支出增长为 6.8%。居民消费能力的上升同时也将消费质量带上了一个新的台阶，消费结构正在向着提升幸福感的方向升级，向发展型消费和服务型消费等新型消费升级，旅游、文化、体育、健康、养老、教育培训等需求大量释放。城乡居民消费需求不断升级，人民对满足日益增长的美好生活需要的呼声也更加强烈。

但与此同时需要注意，我国经济发展质量和效益还不高，在民生领域还存在不少短板。东西部之间、城乡之间、大城市和中小城市之间、体制内外等还存在明显的发展不平衡现象。城乡收入差距仍存在较大差距。行业间收入差距明显，垄断性行业高收入问题突出，行业收入差距加剧了社会分配不公现象。我国目前还有 4300 多万农村贫困人口，脱贫攻坚的任务依然严峻。发展的不平衡不充分问题，已经成为满足人民日益增长的美好生活需要的主要制约因素。

十九大报告指出，中国特色社会主义进入新时代，我国社会主要矛盾已经转化为人民日益增长的美好生活需要和不平衡不充分的发展之间的矛盾。把握主要矛盾的转变，要求确立新的发展理念，用新的发展理念引领发展行动，把握新时代历史机遇。

第二节　收入分配改革的历程

从 1978 年改革开放以来，我国收入分配改革与经济体制改革紧密相关，一直是经济体制改革的重点，并且始终围绕按劳分配原则的完善这一主线展开，如何满足最广大人民群众的利益诉求为落脚点、如何处理好效率和公平的关系一直是改革的核心问题。由于时代不断变化，新问题新情况不断出现，收入分配制度的改革是一个与时俱进、不断完善的过程。对于我国收入分配制度改革的历程回顾，可以为目前和未来深入收入改革、完善分配制度奠定基础。

1945 年中共七大的在收入分配方面的指导思想是，"均富：在无产阶级领导下而为一般平民所共有"的新民主主义国家。中华人民共和国成立以来到改革开放之前（1949—1978 年），受到计划经济体制的影响，主要实行单一"按劳分配"的收入分配制度。截至1956 年底，从生产资料所有制结构层面来讲，只存在单一的公有制，实行高度集中的计划经济体制。① 在传统的公有制和计划经济

---

① 　张亮：《我国收入分配制度改革的历程回顾及其经验总结》，《发展研究》2016 年第 11 期。

条件下，这样的按劳分配实质上是单一型的略有差别的平均分配。长期的绝对平均主义和"大锅饭"的做法严重削弱了广大劳动者的积极性和创造性，直接影响到了国民经济的发展，导致了我国经济发展处于低水平的缓慢状态，人民生活普遍较为贫困。

为了改善国民经济的落后状态，1978 年党的十一届三中全会提出把工作重心转移到经济建设上来。为了更好地激励劳动者的积极性和创造性，解放生产力和发展活力，邓小平同志在讲话中明确指出："在经济政策上允许一部分地区、一部分企业、一部分工人农民，由于辛勤努力成绩大而收入先多一些，生活先好起来。必然产生极大的示范力量，影响左邻右舍，带动其他地区、其他单位的人们向他们学习。"在确立先富带动后富思想的同时，制定了"两个大局"的战略：第一步，让沿海地区先发展，第二步，沿海地区帮助内地发展，达到共同富裕。同时，这次会议也在讨论农业问题时第一次正式提出了克服平均主义，执行按劳分配的社会主义原则。① 随着家庭联产承包责任制的不断推广，我国农业进入了迅速增长时期，1984 年，我国经济体制改革的重点逐步从农村转移到城市，随着经济体制改革的不断推进，公有制以外的经济成分也逐渐增多，呈现出了多种所有制共同发展的局面，确立了以按劳分配为主体，其他分配方式作为补充地位的分配方式。

---

① 张亮：《我国收入分配制度改革的历程回顾及其经验总结》，《发展研究》2016 年第 11 期。

随着社会主义市场经济体制改革目标的确立，在党的十四大到党的十六大召开之间（1992—2002 年），这一阶段的收入分配制度改革主要建立了同社会主义市场经济体制相适应的分配制度，坚持效率优先、兼顾公平是这一阶段的收入分配原则。在坚持公有制为主体，多种所有制经济共同发展的基本经济制度的前提下，收入分配制度方面主要是以按劳分配为主体，多种分配方式并存的分配制度，同时提出了"把按劳分配和按照生产要素分配结合起来"的分配政策，为解决生产要素在社会主义市场经济条件下的合法性提供了政策支持。

党的十六大至十八大（2002—2012 年）期间，随着社会主义市场经济体制的日渐完善，按劳分配和按照生产要素分配相结合的政策也逐步完善，明确了生产要素参与分配的原则，在收入分配方面更加重视公平，"初次分配和再分配都要处理好效率和公平的关系，再分配更加注重公平"。

总体看来，随着我国不同时期社会经济条件的变化和改革开放的深化，新的阶段开始出现新的挑战，例如收入分配恶化、区域差距拉大等问题。经济体制经历了"计划经济""计划经济为主，市场调节为辅""有计划的商品经济""建立社会主义市场经济""市场在社会主义国家宏观调控下对资源配置起基础性作用""市场对资源配置起基础性作用""市场对资源配置起决定性作用"七个发展阶段，市场经济体制不断完善。

经过改革开放四十年，收入分配由开始的"均富"到"先富带后富"到"效率为主，兼顾公平"到"兼顾效率和公平"转变，公平问题变得越来越重要的背后其实是我国收入分配的不断恶化。①而现阶段随着我国主要矛盾发生了变化，目前主要矛盾已经转变成"人民日益增长的美好生活需要和不平衡、不充分的发展之间的矛盾"，也伴随着新的发展理念和对策。

第三节　增量改革：扩大中等收入群体

收入改革并不是社会主义国家的特殊情况，任何一个国家在发展进入一定阶段后都会面临收入差距的问题。美国经济学家、诺贝尔经济学奖获得者西蒙·库兹涅茨（Simon Smith Kuznets）在 1955 年的一篇经典论文中提出："从前工业文明向工业文明极为迅速转变的经济增长早期，不平等扩大；一个时期变得稳定；后期不平等缩小。"② 这就是著名的库兹涅茨假说。我国经过改革开放四十年，经济发展逐渐迈入飞速增长时期，收入差距问题也是不能避免。库兹涅茨假说在中国也是存在的，而中国的收入分配不平等主要是由经济不平衡发展引起的。

---

① 郑新业：《这五大发展理念将深刻改变中国》，人大重阳网，2018 年 3 月 18 日。

② 郭熙保：《从发展经济学观点看待库兹涅茨假说——兼论中国收入不平等扩大的原因》，《管理科学》2002 年第 3 期。

我国的经济发展具有很强的特殊性，市场配置资源和宏观调控相结合，是新型的社会主义市场机制。习近平总书记在党的十八届三中全会提出要完善社会主义市场经济制度，"使市场在资源配置中起决定性作用和更好发挥政府作用"。只有结合市场规律，并且在此基础上的宏观调控才能更进一步促进经济发展的平衡。

结合我国国情，有学者对于各国收入分配方面的历史进行了分析。在发展中国家以及部分的发达国家中，很多都没有跳出"中等收入陷阱"。因此，经济增长自动解决收入分配差距过大的问题，看不见的手进行调控具有必要性和现实意义。

目前我国的收入改革主要从增量和存量两个方向进行改变。一方面保持经济的增速，扩大"均富"人群，让更多人持续共享改革发展的成果；另一方面从收入的调节入手，将收入的不平等进行调节，缩小贫富差距。

在第 48 届世界经济论坛年会，中共中央政治局委员、中央财经领导小组办公室主任刘鹤表示，"经过多年发展，中国已经出现了世界上人口规模最大的中等收入群体，达到四亿人口"。

中国已经步入了中等收入国家行列。面对国内外一些机构以及个人对中国发出谨慎规避"中等收入陷阱"的警告，习近平总书记明确指出中国肯定要迈过"中等收入陷阱"，坚定了我们的信心，同时也表达了进一步发展的迫切性。

目前我国社会面临着矛盾转型，中国特色社会主义进入新时代，我国社会主要矛盾已经转化为人民日益增长的美好生活需要和不平衡不充分的发展之间的矛盾，发展不充分、不平衡阻碍着广大民众"获得感、幸福感、安全感"的提升。要想达成让人民幸福的目标，只有以政府为主导进行收入改革，才能提高人民收入并且调节收入差距。

构建经济、社会和环境相协调发展的和谐社会，是我们一直追求的目标，要达到这样一个目标并不容易，从不和谐走向和谐需要一段艰难的路程。中国过去四十年的改革开放的发展实践说明了库兹涅茨假说的存在性，是不以人的意志为转移的客观规律。在改革开放初期，实施效率优先的策略是当时实际情况的迫切要求。改革开放四十年后的今天，进入新时代之后以"平衡""协调"为发展理念，推动收入平衡同样具有非常深刻的意义。

我国当前收入分配领域突出问题的外在表现是两个比重偏低（一是指居民收入比重偏低，由 1996 年最高时的 67.2% 持续下降到 2004 年的最低点 57.7%；二是指劳动报酬比重偏低，由 1992 年最高时的 54.6% 持续下降到 2004 年的 47.2%；到 2013 年，这两个比重也才分别达到 60.7% 和 50.8%，均未恢复到历史上的最高比重），多方面收入差距偏大[1]。因此，深化收入改革是解决我国当前收入分配领域存在突出问题的迫切需要。

---

[1]　苏海南：《扩大中等收入群体意义重大》，《专家视角》2016 年 11 月号总第 224 期。

经过多年发展，我国解决了温饱问题，人民生活总体上达到小康水平，并进入全面建成小康社会决胜阶段，但同时也要认识到，我国大部分人口还是中低收入者。通过做出更有效的制度安排，提高低收入群体的收入水平，让更多的人进入中等收入群体，是全面建成小康社会的应有之义，也是社会主义的本质要求，充分体现了以人民为中心的思想和共享发展的理念。

相对于低收入群体，中等收入群体位于社会中间阶层，在经济条件、价值观念、生活习惯等方面对社会的满意度较高，追求稳定和安宁是中等收入群体的普遍共识。① 中等收入群体的增加对于缓和社会矛盾，促进社会稳定具有支柱性作用。构建中等收入群体占大多数的"橄榄形"分配格局，是促进调整我国经济结构、扩大内需的迫切需要，是形成合理社会结构、维护社会长期稳定的迫切需求。

第四节　存量改革：升级收入结构，缩小贫富差距

2012 年党的十八大以来，我国的收入改革开始不断重视收入的公平。2015 年党的十八届五中全会审议通过了《中共中央关于制定国民经济和社会发展第十三个五年规划的建议》，指出："共享

---

① 　郭熙保：《在发展中不断扩大中等收入群体》，《求是》2016 年第 19 期。

是中国特色社会主义的本质要求，必须坚持发展为了人民、发展依靠人民、发展成果由人民共享，作出更有效的制度安排，使全体人民在共建共享发展中有更多的获得感，增强发展动力，增进人民团结，朝着共同富裕的方向稳步前进。"这意味着我国收入改革将进入以共同富裕为目标的共享发展的新阶段，以共享型增长优化收入分配格局：共享是十八届五中全会提出的新发展理念，是新时期五大发展理念的根本点和归结点，也是我们中国特色社会主义内在本质的体现。① 共享的发展理念对于现阶段收入分配具有明显的指导意义，明确了未来收入分配改革的方向。

"共享不只是理想，而有实实在在的内容，是以推进社会公平正义为前提，以推进扶贫脱贫、缩小收入差距为抓手，以推进区域、城乡基本公共服务均等化为保障，以推进共同富裕为目标。"② 共享经济社会发展是人民群众的一项基本的权利，在共享的发展视野下，收入分配机制的完善需要根据不同的收入分配机制主体的作用，按照市场、政府来进行调整和改革。

2013 年 2 月国务院正式公布《关于深化收入分配制度改革的若干意见》，指出要切实完善生产要素按贡献度参与初次分配机制，加快构建以转移支付、社保和税收调节的再分配机制，促进居

---

① 吴江华：《扩大中等收入群体的现实意义、难点与路径》，《行政管理改革》2017 年第 9 期。

② 任理轩：《坚持共享发展——"五大发展理念"解读之五》，《人民日报》2015 年 12 月 24 日。

民收入水平上升和国民经济持续增长。① 收入分配的市场机制应该以参与性分享为目标，在政府和市场之间有明显的界限，在机制的运行过程中，要依靠政府的力量来创造平等竞争、合法有序的市场环境。要积极调整国民收入分配格局，在规范初次分配的基础上，加大再分配调节力度，推进居民收入增长与经济增长同步，劳动报酬提高与劳动生产率提高同步，切实增加低收入者劳动收入，扩大中等收入者比重，逐步缩小收入差距。政府作为分配机制的参与主体时，主要从税收制度和社会保障制度两方面入手，运用税收、社会保障和社会救助等再分配政策，调节收入的极端化。

在发挥政府作用的过程中，以服务型政府现代转型促进社会公平正义，尤其以扩大中等收入群体为目标，关系全面建成小康社会的实现。习近平在 2016 年 5 月 16 日主持召开中央财经领导小组第十三次会议针对扩大中等收入群体提出了要坚持"六个必须"："必须坚持有质量有效益的发展，保持宏观经济稳定，为人民群众生活改善打下更为雄厚的基础；必须弘扬勤劳致富精神，激励人们通过劳动创造美好生活；必须完善收入分配制度，坚持按劳分配为主体、多种分配方式并存的制度，把按劳分配和按生产要素分配结合起来，处理好政府、企业、居民三者分配关系；必须强化人力资本，加大人力资本投入力度，着力把教育质量搞上去，建设现代职

---

① 王琳、张曾：《经济新常态下我国收入分配制度改革路径研究》，《经济理论与实践》2016 年第 8 期。

业教育体系；必须发挥好企业家作用，帮助企业解决困难、化解困惑，保障各种要素投入获得回报；必须加强产权保护，健全现代产权制度，加强对国有资产所有权、经营权、企业法人财产权保护，加强对非公有制经济产权保护，加强知识产权保护，增强人民群众财产安全感。"①

在收入改革的措施方面，既有质量问题，又有存量问题。在初次分配领域的重大挑战，主要是断绝增量收入分配的不平等问题，继续扩大就业，进行户籍制度改革等，让更多人口共享改革的成果。在再分配领域内主要做的是解决存量的问题，一定程度上是在已经形成的分配基础上，一方面通过税制改革，通过法律等方式将不公平、不平等的收入进行调节。另一方面对于贫困阶层，对于处在中下层的人群要给予更完善的公共服务和社会保障，保障有尊严的生活，逐步构建共享经济、和谐发展的社会。

改革开放四十年，我国发生了翻天覆地的变化，经济增长跃升为世界前列，人民生活水平也日益提高。不仅如此，我国还成为了最大的中等收入群体国家。但是由于经济发展得不均衡，发展不充分、不平衡的问题阻碍人民幸福感的提升。面对我国现阶段主要矛盾的转型，如何才能更好地落实共享的发展理念，促进改革开放的结果公平，是深化收入改革的重要问题。

---

① 习近平主持召开中央财经领导小组第十三次会议，新华社 2016 年 5 月 16 日电。

2017 年年底党的十九大明确了 2035 年基本实现社会主义现代化和本世纪中叶建成社会主义现代化强国，但报告没有提出 GDP 增长或者翻番类的目标要求。① 这反映了经济发展进入新常态，更重要的是，这样就可以把宏伟目标直接鲜明地指向发展目的本身，把提高人们收入和生活水平更加突出出来，立足于改善民生，让改革开放的结果更多更公平地惠及全体人民，真正实现发展结果由人民共享的发展理念和构建和谐社会的目标。

在十九大报告中明确提出，"坚持按劳分配原则，完善按要素分配的体制机制，促进收入分配更合理、更有序。鼓励勤劳守法致富，扩大中等收入群体，增加低收入者收入，调节过高收入，取缔非法收入"；"在劳动生产率提高的同时实现劳动报酬同步提高"，让"城乡居民收入增速超过经济增速"；"履行好政府再分配调节职能，加快推进基本公共服务均等化，缩小收入分配差距"②。在新的时代背景下，我国的收入改革已经从注重效率转变到了注重公平，面对最大的中等收入群体，在完善基本收入分配制度的同时完善社会保障体制，发挥政府宏观调控的必要性，只有这样，才能够坚持发展成果的共享。

推进收入改革深入发展（通过扩大中等收入群体和分配机制两

---

① 蔡昉：《十九大报告中的提高人民收入水平》，《就业与保障》2017 年第 12 期。

② 白玫：《抓住新矛盾，着力解决发展不平衡不充分难题——"十九大"报告学习体会之新矛盾篇》，《经济理论与实践》2017 年第 11 期。

大抓手），一方面需要开启新的增长空间，为人民对于美好生活的需求描绘蓝图；另一方面，也要使改革成果更多更公平地惠及全体人民，是缩小贫富差距，缓解社会矛盾的必由之路。现阶段下，只有坚持深入推进收入改革，促进发展结果由人民共享，才能提升"获得感、幸福感、安全感"，达成人民生活更加幸福美好的目标。

第 七 章

从对接到引领：走向全球治理舞台中心之路

中国改革开放的四十年的历程，是中国打开国门、融入世界的过程。随着改革开放逐步深化拓展，中国的国家实力持续增强，国际地位和影响力显著上升，当前中国崛起及其对未来世界的影响已经成为全球各国关注的焦点。回顾四十年来中国与国际社会的互动，可以发现，中国由最初的全球治理学习者、融入者正在转变为创造者、引领者。梳理这一变化的历史进程，分析变化背后的国内外影响因素，有助于正确认识当前中国参与全球治理面临的挑战，并为未来更好地应对挑战、发挥引领作用提供有益的思考。

第一节 历史维度下的中国与世界

一、1978—2000 年：从谨慎参与到全面参与

这一时期，中国国内政治、经济和社会环境和国际体系格局都在经历结构性巨变。随着整个国家工作重心开始向经济建设转移，中国开始了如火如荼的国内政治经济体制改革；与此同时，中美建交使中国与西方世界的关系有了根本改善。这些都为中国融入当前国际社会奠定了基础。

改革开放的前十年，随着中国对世界大势的判断发生了根本性调整，中国对外政策理念也随之转变。虽然冷战尚未结束，但中国已经开始调整过去片面以社会制度和意识形态划线的对外工作指导方针。1984 年前后，邓小平同志深刻分析同时期发生的国内外巨变后，提出了"和平与发展是当今世界两大主题"的重要论断。由此，1986 年召开的六届全国人大四次会议从十个方面全面阐述了新时期中国所奉行的独立自主的和平外交政策。

20 世纪 80 年代末 90 年代初，东欧剧变，苏联解体，世界社会主义运动遭受严重挫折，第二次世界大战结束后形成的两极格局瓦解，世界进入一个新旧格局交替的过渡时期。当时，中国作为"后来者"，对国际秩序及其规则的认识和把握并不充分；国内各项改革也处于起步和探索阶段，亟须和平稳定的外部环境。在此背景下，

邓小平提出对外工作二十八字方针：冷静观察、稳住阵脚、沉着应付、善于守拙、决不当头、韬光养晦、有所作为。该方针主张要有所为，有所不为，避免卷入国际冲突，维护国家外部环境稳定的同时，在维护国家独立、主权和民族尊严，维护第三世界国家的正当权益，维护世界和平、促进共同发展等重大问题上，中国也要努力作出自己的贡献。①

在和平共处五项原则和"韬光养晦，有所作为"基本方针的指导下，中国开始融入国际秩序，谨慎参与全球治理。在经济治理方面，中国实行对外开放，积极改革经济体制以实现与国际接轨，主动融入现有国际经济治理机制以促进自身经济发展。1980年初，中国先后恢复了在国际货币基金组织和世界银行的合法席位，并两次增加特别提款权；1982年，中国启动恢复在关贸总协定地位的谈判工作，经过20年的不懈努力，最终成功加WTO，重返国际贸易体系。

在安全治理方面，中国逐渐转变对联合国维和行动的认知，不再将其视为西方国家操纵的干涉他国内政的工具，而是认同其在缓和地区冲突、维护世界和平稳定方面不可替代的作用。因此，中国开始由点到面、由浅入深地参与维和：1988年正式加入联合国维持和平行动特别委员会；1989年首次派遣军事观察员参加了联合国纳米比亚过渡时期协助团；1992年首次派遣成建制工兵部队赴柬埔寨

---

① 刘华秋：《邓小平外交思想永放光华》，原载于《求是》2014年8月16日。

执行任务。

总体而言，中国在维护国家核心利益基础上，开始全面地参与到贸易规则制定、气候谈判、大规模杀伤性武器控制、联合国维和、人权保护等全球性问题的治理中来，开始彰显"负责任的大国"的形象。

二、2001—2013 年：深度参与，推动改革

进入新世纪以来，随着改革开放的进一步深化，中国经济飞速崛起，于 2010 年成为仅次于美国的世界第二大经济体。随着国家实力的持续增强，中国参与全球治理的能力也不断提升。面对既有全球治理体系由西方发达国家主导、发展中国家代表性严重不足的现状，中国以渐进的方式来谋求治理体系改革。特别是 2008 年全球金融危机以来，中国深度参与的同时通过"改制"和"建制"双管齐下来谋求国际治理体系的变革。①

中国与其他发展中国家一道，积极推动国际货币基金组织（IMF）与世界银行（WB）治理结构改革，增加新兴经济体投票权，为自身与其他发展中国家谋求更多的话语权。2009 年，中国与俄罗斯、巴西、印度共同发起成立了金砖国家合作机制，2010 年南

---

① 李巍：《中国如何破除"金德尔伯格陷阱"》，《中美聚焦》2017 年 2 月 17 日。

非加入，该机制为加强新兴经济体合作共赢、推动国际多边合作机制创新迈出了重要一步，尤其是金砖银行的成立和金砖应急储备基金的建立，体现了更加平等和公平的全球治理理念，倒逼传统治理机制改革。

中国深入参与联合国维和行动，人员规模迅速扩大，参与任务类别不断多样化。截至 2013 年 4 月，中国人民解放军共参加 23 项联合国维和行动，累计派出维和军事人员 2.2 万人次，中国是联合国安理会五个常任理事国中派遣维和军事人员最多的国家。维和经费承担比重也大幅增加，2013 年的数据显示，2013—2015 年中国将承担的联合国维和行动摊款比例为 6.64%，仅次于美、日、法、德、英，位居世界第六位；维和任务的范围也从此前的非洲、中东和亚洲地区扩展到了太平洋和欧洲等地区。参与维和的过程中，中国认可并接受了联合国提出的"保护的责任"理念，在坚持"不干涉内政"原则的前提下对武装冲突中的平民保护承担更多国际责任；与此同时，中国通过自身实践，使其倡导的"发展和平"理念得到更广泛的国际认可。这表明，在深度参与全球治理的进程中，中国不仅仅是国际规范的接受者，同时也是新理念和规范的塑造者。

三、2013 年至今：积极引领全球治理转型

党的十八大以来，中国发展全局迎来了历史性变化。伴随着

国家治理体系和治理能力现代化，各项结构性改革深入推进，中国的经济实现高质稳步增长，经济实力和政治影响力日益提高。中国不仅解决了十几亿人的温饱问题，还使社会生产力水平总体上显著提高，在经济、政治、文化、社会、生态等方面的面貌都迈上了新的台阶，很多方面迈入世界前列。十九大提出，中国发展已经进入新时代，正处于新的历史发展方位。随着综合国力提升和国际影响力增强，中国与世界的关系发生了根本性转变。中国自身不仅更加积极地参与全球治理，还提出了适应当前国际政治经济新格局的治理理念和治理方案，实现了从"跟随者"向"引领者"的身份转变，而世界对中国经验、智慧和方案也有了更多期待。

一方面，中国积极更新全球治理理念，旗帜鲜明地引领塑造以合作共赢为核心的新型国际关系。[①] 中国倡导的人类命运共同体，以共商、共建、共享为核心的新型全球治理观等理念，以及"一带一路"建设实践体现了整体性思维下的新全球观。共商、共建、共享的新型全球治理观是指导思想，回答了"谁来治理""怎样治理"和"为什么治理"的重大问题，强调治理的多元主体、开放包容和公平公正，旨在推动构建新型国际关系、构建人类命运共同体。"一带一路"作为促进全球和平合作的共同发展的中国方案，不仅填补

---

① 何帆：《中国为何要参与全球治理》，人大重阳网，2017年1月20日，见 http://www.chinathinktanks.org.cn/content/detail/id/3012208。

了全球治理公共产品的重大缺口，还推动了经济全球化朝着更加开放、包容、普惠、平衡、共赢的方向发展。

另一方面，中国积极推动国际多边合作机制创新。例如，2016 年的二十国集团（G20）杭州峰会上，中国充分发挥主场外交的优势，邀请了 G20 峰会历史上最多的发展中国家与会，第一次就落实联合国《2030 年可持续发展议程》制订行动计划；第一次发起《二十国集团支持非洲和最不发达国家工业化倡议》，这是 G20 首次对低收入发展中国家提出全面、综合的政策愿景；第一次发起"全球基础设施互联互通联盟倡议"，旨在加强不同区域方案间的协同增效，监测评估全球互联互通。[①] 这三大创举表明，中国已有能力引领全球治理议程设置，将共同发展置于优先位置。

此外，中国主导建立的亚洲基础设施投资银行，通过股份分配、投票权、管理层遴选机制等方面的创新，首次在国际多边机构中体现出世界经济格局发生的结构性变化，也让开放区域主义的新型治理原则得以实现。

中国发起成立的跨区域多边合作论坛和次区域合作机制，也较为成功地将中国倡导的新型全球治理观纳入国际多边合作议程。以中非合作论坛、中阿合作论坛、中国—中东欧"16+1"合作机制等

---

① 参见［土耳其］费伊楠、中国人民大学重阳金融研究院：《全球治理新格局：G20 的中国贡献与未来展望》，新世界出版社 2017 年版，第 118—163 页。

为例，此类合作论坛突破了传统国际组织以具有法律约束力的条约对成员国施加硬约束的做法，将合作建立在成员国互信和共识基础上，实行自愿参与原则，决策机制为协商一致而非诉诸表决。2015年建立的澜湄合作机制将澜沧江—湄公河全流域沿岸国家囊括在内，是探索和推进南南合作的有效平台，是世界上首个率先响应联合国发展峰会通过的《2015 年后发展议程》的具体行动。这一合作机制是在"协商一致、平等互利、统筹协调、尊重《联合国宪章》和国际法"的原则上，为六国"量身打造"，建设互利互惠、合作共赢的澜湄国家命运共同体。这一合作机制并非封闭排外，而是开放包容，与大湄公河次区域经济合作（GMS）、东盟—湄公河流域开发合作（AMBDC）等既有次区域合作机制相互促进，相互协调，并行发展，相辅相成。①

上述合作机制的成功运行，是中国在国际制度性话语权构建上做出的有益尝试，中国并不强求各国在所有问题上保持一致，而是立足解决共同面临问题的实际，最大限度地开展各领域务实合作。这不仅体现了中国的创造力与领导力，更有助于塑造世界对新型全球治理观的认同。

---

① 中华人民共和国外交部：《澜沧江—湄公河合作首次外长会联合新闻公报》，2015 年 11 月 12 日，见 http://www.fmprc.gov.cn/web/ziliao_674904/1179_674909/t1314308.shtml。

第二节 中国对世界的看法与主张

一、与时俱进的全球治理观

改革开放以来，中国在国际舞台上扮演的角色随着中国国家实力和国际影响力的变化而发生转变。国内不同发展阶段的战略需求对周边和国际环境的要求有所不同；同时，由国家实力、国际地位变化带来的国家对自身利益、角色、作用等认知的变化也在不断更新着中国的全球治理观。

改革开放标志着中国国家战略和自身定位的转变，对内是开启以经济建设为中心的社会主义现代化建设；对外则是重新审视国际局势和世界发展趋势的变化，将自身定位为发展中国家，参与并融入现有的国际秩序。正是由于身份的重新定位，中国的国家利益观也发生了重大变化，从原先以意识形态斗争和国际革命为主导调整为以维护国家主权独立安全和促进国家发展为核心。[①]

进入 21 世纪以来，随着社会主义市场经济体制改革、加入WTO 和经济迅速发展，中国逐渐崛起为世界新兴大国，国际地位显著提升。2008 年全球金融危机使现有的全球治理机制暴露出不

---

① 刘贞晔：《中国参与全球治理的历程与国家利益分析》，《学习与探索》2015 年第 9 期。

公平、不合理的固有缺陷，传统理念已然无法有效应对新的状况和诉求。面对日益严峻的挑战，作为最大的发展中国家，中国"负责任大国"的身份也开始在对外政策中产生影响。

党的十八大以来，中国发展全局迎来了历史性变化。中国不仅解决了十几亿人的温饱问题，还使社会生产力水平总体上显著提高，在经济、政治、文化、社会、生态等方面的面貌都迈上了新的台阶，很多方面迈入世界前列。十九大提出，中国发展已经进入新时代，正处于新的历史发展方位。随着综合国力提升和国际影响力增强，中国与世界的关系发生了根本性转变。中国已经走到了世界舞台中央，从全球治理机制的融入者、参与者，正在向引领者转变，世界对中国经验、智慧和方案有了更多期待。

这一时期，中国的世界观发生了显著变化。2015 年 10 月 12 日和 2016 年 9 月 27 日，习近平总书记就中国参与全球治理问题先后两次组织中共中央政治局集体学习，明确了全球治理的总体思想和基本原则。全球化的深入发展使世界各国利益深度交织、命运深度融合，全球性挑战的增多更加需要世界各国通力合作携手应对。习近平总书记指出，加强全球治理、推进全球治理体制变革事关给国际秩序和国际体系定规则、定方向，事关各国在国际秩序和国际体系长远制度性安排中的地位和作用。[①] 为此，中国倡导共商、共

---

① 新华社：《习近平在中共中央政治局第二十七次集体学习时强调，推动全球治理体制更加公正更加合理，为我国发展和世界和平创造有利条件》，2015年 10 月 13 日，见 http://www.gov.cn/xinwen/2015-10/13/content_2946293.htm。

建、共享的新型全球治理观，推动构建人类命运共同体，致力于凝聚全球共识、促成一致行动。这表明中国在全球治理中的身份已从被动的融入者、参与者，蜕变为主动的构建者和引领者。

二、观念变迁的原因

当前，世界体系已经发生了结构性变化，长期以来西方主导建立的全球治理体系在面对国际金融危机周期性爆发、发达经济体增长乏力市场疲软、国际发展赤字鸿沟日益扩大等严峻挑战时日益失效，无法解决层出不穷的新问题。在上一轮全球化进程中，发达国家与发展中国家差距越来越大，国际社会面临严峻的发展赤字。欧债危机打破了欧元神话，将欧洲内部的裂痕暴露无遗；随后的难民危机和恐怖袭击则宣告了欧洲政府和政党应对新状况和新威胁的虚弱乏力；欧盟在内部治理上的混乱与无力反映了以欧美为主导的全球治理体系的混乱与无力。

在权力转换过程中，随着新兴发展中大国崛起，美国和欧洲等在全球治理逐渐收缩，全球治理缺乏新的领导动力，传统大国的倡议和议程设置能力都有所下降。首先，西方发达国家自身实力相对下降，导致国际公共产品供给不足。美国自特朗普上台执政以来，全球事务层面实行战略收缩，政策聚焦国内议题，大打贸易保护主义牌，对国际多边合作不以为意，在应对气候变化等方面无意承担国际责任。欧洲则迟迟未从欧债危机中走出，又接二连三陷入民粹主义浪潮迭起、难民大规模涌入、恐袭频发等内部治理危机，在领导全球治理方面有心无力。其次，随着新兴市场国家的崛起，尤其是中国经济的快速持续增长，亚洲 GDP 占全球比重已经超越了北美和欧洲，世界经济重心从西向东转移。随着经济规模的进一步扩大，新兴国家崛起的公共性将越来越凸显。但既有国际制度体系未能够及时反映此种变化，治理结构和规则不公平、不合理，非西方国家代表性严重缺乏。

对既得利益的发达国家来说，维护现有全球治理体系的利益分配优势、制定对新兴市场和发展中国家约束性更高的新一轮高标准全球治理规则体系是其参与全球治理的主要追求。而对新兴市场和发展中国家来说，提升其代表性和话语权、完善现有全球治理体系是其参与全球治理的基本诉求。在此背景下，全球治理转型是大势所趋。

第三节　中国参与全球治理面对的机遇与挑战

一、机遇与挑战并行的全球治理之路

中国参与全球治理的过程始终是机遇与挑战并行。中国一直是全球既有治理体系的融入者和参与者，在这一体系中，中国同时实现了经济崛起和安全维护两个重大的战略目标。在全球经济治理领

域，积极融入全球经济治理机制使得中国获得了重要的资金和各种援助，并有力地推动了中国的贸易发展。在安全领域，中国通过参与联合国维和行动，创新多边安全合作机制，在稳定和维护地区乃至世界安全局势上发挥了重要作用，为实现世界和平与发展的两大目标，也为自身的改革开放赢得了有利的空间。从向世界说明中国，让世界了解中国，到让世界接受中国，最终让世界认同中国，积极参与全球治理向世界展示了中国的大国形象。

进入新时代，中国与世界的关系发生了根本性转变，从全球治理机制的融入者、参与者，正在变为引领者，世界对中国经验、智慧和方案也有了更多期待。2018 年《政府工作报告》指出："我们将始终不渝走和平发展道路，推动构建新型国际关系。积极参与改革完善全球治理，致力于建设开放型世界经济。推进大国协调合作，深化同周边国家睦邻友好和共同发展，加强同发展中国家团结合作。"

然而与此同时，国际舆论中刺耳的声音也开始增多，尤其是近期英国《经济学人》杂志抛出了美国民主基金会的两位学者新造的"锐实力"概念，恶意揣测中国在全球影响力的渗透；德国外长在 2018 年慕尼黑安全会议上指责"一带一路"倡议。面对西方刻意营造的负面舆论环境，中国不能只是被动应对，而应该生产出能够真正代表未来世界发展潮流的新话语，重塑世界对全球治理话语体系的认知，使中国倡导的新型全球治理理念得到世界更广泛的认同。

二、中西新旧治理观之争

部分西方发达国家对中国倡导的新型全球治理观和国际新秩序的攻讦，恰恰反映了当今世界，仍由西方主导的国际话语体系已经落后于全球治理理念与实践的发展。

中国倡导的人类命运共同体，以共商、共建、共享为核心的新型全球治理观等理念，以及"一带一路"建设实践体现了整体性思维下的新全球观，超越了传统上狭隘的民族国家概念和意识形态分歧，摒弃了零和博弈的丛林法则，迥异于西方个体本位的思维方式，从人类社会高度相互依存、人类与自然和谐统一的视角理解全球秩序。"一带一路"作为促进全球和平合作的共同发展的中国方案，不仅填补了全球治理公共产品的重大缺口，还推动了经济全球化朝着更加开放、包容、普惠、平衡、共赢的方向发展。

"一带一路"提出以来，顶层设计框架不断完善，各领域务实合作成果丰硕。全球140多个国家和80多个国际组织积极支持、参与"一带一路"建设，联合国安理会、联合国大会先后将相关内容纳入决议，"一带一路"在全球范围内得到了广泛响应，从倡议转变为行动，从愿景转变为现实。

然而，长久以来的观念霸权让西方世界很难摆脱西方中心主义的世界观，以客观公正的视角和平和的心态审视自身、看待中国。西方发达国家对中国即将填补国际体系中的权力真空充满焦虑和恐慌，它们深陷自己塑造的话语体系无法自拔，仍以过时落伍的旧世界观审视中国先进的全球治理理念和实践。

西方世界自己塑造的话语体系以过时落伍的旧世界观审视中国的全球治理理念和实践。当前中国面临的负面国际舆论压力，实质上是东西方新旧两种世界观之间的竞争。从另一方面来看，这也意味着中国话语影响力还远远落后于实践，国家软实力与当前中国的国际地位和所肩负的国际责任不匹配。因此，未来中国改革面临的挑战是：如何将中国的经济优势转化为话语优势，将与时俱进的先进理念转变为国际规范，并积极塑造国际社会对中国文化和观念的认同。

三、中国国际话语权较弱，话语能力落后于实践能力

2015 年，十八届五中全会公报中提出："坚持开放发展，必须顺应我国经济深度融入世界经济的趋势，奉行互利共赢的开放战略，发展更高层次的开放型经济，积极参与全球经济治理和公共产品供给，提高我国在全球经济治理中的制度性话语权，构建广泛的利益共同体。"值得注意的是，公报中首次出现了"制度性话语权"一词。

制度性话语权是指一个国家在国际组织运行、国际规则制定、国际道义维护、国际秩序组织方面的引导力和影响力，是一种以制度形式固化的话语权，即制度体制为话语权提供保障。在现行全球治理体系中，话语权仍主要由西方发达国家主导。虽然当前发展中

国家与发达国家力量对比已经发生了结构性变化，发达国家提供国际公共产品的能力和意愿显著下降，但全球治理体系的变革仍远远滞后于世界局势的变化。

改革开放以来，中国与国际组织的互动经历了从谨慎参与，到深度合作，再到积极塑造的历程，此过程背后是中国对自身国际地位和角色认知的动态调整。近年来，中国取得的经济发展成就无须赘言，国家硬实力的大幅提升有目共睹，但相对而言，中国软实力与国家的高速发展不匹配，国际议程设置能力、国际规范塑造能力以及国际影响传播能力亟待提升，在全球治理上的话语建构能力远远落后于实践能力，在既有治理体系内"制度性话语权"严重缺乏，与其大国地位及所承担的国际责任不相称。

第四节　新时代的中国如何引领全球治理

一、依托国际组织平台重塑国际话语体系

重塑全球治理的国际话语体系，需要提升中国在国际制度体系中的领导力和话语权。国际组织作为该体系最核心的构成要素，引领着新观念、规范及制度的产生、传播和推广，极大地影响着全球治理发展趋势。因而，国际组织既是世界各国互动合作的最主要平台，也是大国影响力竞争的核心领地。

未来，全球治理的空间范围将向深海、外空、极地、互联网等公域不断拓展，中国面临着填补当前治理体系空白的重大机遇。因此，中国应当牢牢把握机会，在现有治理机制尚未覆盖以及覆盖不完全、机制运行不成熟或机制严重落后于时代发展的领域未雨绸缪，积极推动现有机制改革并推动更多新型国际组织建立，在常态化的国际互动与合作中塑造世界对中国话语的认同。

二、从国家战略高度重视国际组织人才培养

国际组织发挥作用的主要方式之一，是在专门知识和专业技术基础上发挥专家权威，并以此形成重要规则、规范体系和共同价值观念，指导相应领域内的国际互动交流合作。国际组织运行过程中，国际组织职员负责将组织的法定授权转化为具体运作程序和行动，他们在政策制定、游说成员国采取行动、协调不同立场、确保具体项目实施等方面发挥着关键作用。目前，无论是在综合类还是专业类国际组织中，中国籍专家和高级官员极度缺乏，严重影响了中国国际话语权和影响力。

以联合国大会秘书处为例，2017 年 7 月发布的秘书长报告显示，秘书处高级官员序列由一级主管（D1）、二级主管（D2）、助理秘书长（ASG）和副秘书长（USG）构成，共 357 人。其中，中国籍官员只有 9 人，而美国有 45 人，英国 24 人，法国 14 人。专业类国际组织中，中国权威专家人才缺位现象更为严重。例如，南极研

究科学委员会（SCAR）作为国际南极科学最高学术权威机构，主导南极科研计划的制订、启动、推进和协调，很大程度上主导着南极治理发展方向。中国从 1986 年加入该组织至今，只有两位科学家进入过执行委员会（担任副主席职务），近十年都没有新科学家进入该机构管理层。这一现象并非偶然，而是普遍存在于各类国际组织中。

为此，中国应该将国际组织人才建设上升到国家战略高度，填补国际人才储备的巨大缺口。大多数国际组织内部晋升仍遵循官僚体系运转规律，从低级职务向中高级管理层晋升需要较长时间积累专业技能及人脉资源，因此，从长远角度看，需要建立阶梯式培养机制：一方面，输送更多已经在自己所处领域内具有国际地位和影响力的优秀人才进入相应国际组织管理层，并提供工资、生活费等补贴，解决好配偶、子女的工作、教育问题，打消后顾之忧；另一方面，为有志成为国际公务员的年轻人提供更多进入国际组织工作的机会。2014 年，教育部下属的国家留学基金管理委员会首次推出选拔优秀青年赴联合国教科文组织实习项目，此后选派人数逐年增加；2017 年，留基委出台了《留学基金资助全国普通高校学生到国际组织实习选派管理办法（试行）》，对资助对象、奖学金包含费用种类、选拔办法等做了详细明确的规定。日后，除提供资金支持外，还可以考虑利用高校、研究机构等资源设立国际组织人才专业培训项目。

三、提升国际话语塑造及传播能力

重塑国际话语体系，善用国际组织平台是外部途径，而同样重要的是内部革新，从自身出发提升国际话语塑造及传播能力。

进入新时代，党和国家高度重视提高文化软实力工作，尤其是在对外交往中，将中外人文交流视为与政治、经济合作同等重要的支柱。

当前，随着全球化进程的发展和中国改革开放的不断深化，中外人文交流呈现出行为主体多元化、形式内容多样化等趋势，为中国话语的国际传播提供了更多机遇。对外交往不再被某些特定单位或部门垄断，企业、高校、智库、个人等都可以成为中国话语的传播渠道。2018年《政府工作报告》中强调，要建好新型智库，深化中外人文交流。为此，中国应该尤其重视挖掘智库在中国话语生产及传播方面所具有的潜力，促进智库研究水平、国际交流水平、对外传播水平等的全方位提高，使之得以生产出符合国际传播规律的优质思想和知识产品，并利用自身影响力与号召力调动广泛的社会资源，极大地延展中国话语国际传播的深度和广度。

第 八 章

从倡议到组网："一带一路"重塑世界发展之路

"一带一路"倡议提出以来，得到了国内外的高度关注与广泛讨论。不过，对"一带一路"到底是什么、做什么、未来怎样，国内外仍存有不同的理解。"求木之长者，必固其根本；欲流之远者，必浚其泉源。"推进"一带一路"建设走向下一个五年，有必要对其内涵（是什么）、外延（做什么）进行考察，回溯改革开放四十年来的对外开放不断发展的历程，包括"引进来""走出去"与国际发展合作，并对"一带一路"开放发展的治理理念和演进动力不断更新解释。

第一节 "一带一路"的内涵是开放发展

"一带一路"核心精神起源于中国古代。正如习近平主席所说，凝聚在那一条条实质性的贸易通商之路上的，是以和平合作、开放包容、互学互鉴、互利共赢为核心的丝路精神。从古代看今天，如果将"一带一路"内涵加以概括，应当是"国际合作，共同发展"这八个字——共同发展是"一带一路"的目标和宗旨，而国际合作则是"一带一路"的实现途径和手段。从这八个字当中可以提炼出两个核心关键词——"开放"和"发展"。

党的十一届三中全会以来，"开放"二字逐渐成为社会各界关注的高频词汇；经过四十年的理论探索与社会实践，"开放"二字逐渐成为一种新的社会共识。在"一带一路"国际合作高峰论坛开幕式上，习近平主席明确表示："我们要将'一带一路'建成开放之路。开放带来进步，封闭导致落后。对一个国家而言，开放如同破茧成蝶，虽会经历一时阵痛，但将换来新生。"

"一带一路"是我国在世界经济复苏缓慢，逆全球化思潮兴起的大环境下，对对外开放的最新探索。它将从制度和内容上进一步提升我国开放水平，加强我国同世界的联系与沟通，将中国同世界更加紧密地结合起来，形成一个休戚与共的命运共同体。

回顾"一带一路"建设推进的过程，中国通过多项政策和实际行动表明自身秉承开放的理念，改变不平衡和各类挑战频发的现状从而建设更加公正更加合理的世界，这不仅仅是口号，更是务实的行动。

从构想到实施，"一带一路"的核心离不开"发展"二字。党的十一届三中全会以来，中国始终坚持以经济建设为中心，经济实力得到极大的提升，目前已成为全球第二大经济体。尽管取得了如此辉煌的经济成就，我们依旧要保持理智，不能忽视目前全球治理中潜在的瓶颈和危机，更要承担起相应的大国责任，为世界共同发展打开突破口。

"一带一路"是中国统筹兼顾国内外形势而制定的重大战略决策，既通过内外结合来促进中国经济可持续发展，同时也能改善中国周边外交，构建一个稳定繁荣的周边国际环境，这符合我国的根本利益。除此以外，"一带一路"也是我国为完善全球治理体系，推动世界经济持续发展而提出的战略构想，考虑的绝不局限于单个国家的利益，更是同周边国家，乃至全世界有开放合作意愿国家的利益。我们呼吁彼此尊重主权，尊重社会制度以及政治体制，加强共同反恐力度，促进贸易公平自由，营造共建共享的安全格局。正如习近平主席所说："发展是解决一切问题的总钥匙。推进'一带一路'建设，要聚焦发展这个根本性问题，释放各国发展潜力，实现经济大融合、发展大联动、成果大共享。"

总之，"一带一路"内涵是指以开放的国际合作带动中国自身、所有参与国乃至世界各国的共同发展。

第二节　世界发展合作的中国贡献

一、"引进来"四十年

改革开放之初，邓小平同志就曾指出："关起门来搞建设是不能成功的，中国的发展离不开世界。"对外开放的历程，首先从"引进来"开始。"引进来"主要指利用外资促进国内经济快速发展和产业结构升级，尤其是改革开放初期对外开放的主要体现。

1978年党的十一届三中全会确立了改革开放的基本国策，揭开了中国利用外资的序幕。1979年7月《中华人民共和国中外合资经营企业法》颁布，8月设立国务院外国投资管理委员会，为"引进来"提供了机制保障。

20世纪80年代的"引进来"具有很鲜明的政策特点。一方面，我国利用外资的形式以对外借款为主。1992年之前，对外借款约占60%—70%，而其中来自港澳台地区的资金占了引入资金的70%以上。另一方面，我国的"引进来"遵循区域优惠到全面普惠的演进路径，通过"超国民待遇"政策及"免二减三"的税收政策等方式吸引外资，同时经济特区与沿海开放城市成为引进外资的切入点与试用地，进行地域上的梯度推进战略。1982年《宪法》的修改从根本上确立了外商投资企业在中国的法律地位，1986年后各种有关利用外资政策的颁布标志着利用外资进入了初步发展阶段。

1992年，邓小平南方谈话开启了改革开放新的里程碑，其明确了大胆利用外资是一项全新的事业，掀开了"引进来"战略迅速发展的新一页。党的十四届三中全会相关文件拓宽了外商投资的领域和利用外资的途径，除了对外借款，中外合资、合作经营、外商独资经营等方式也逐渐使用。工程机械行业成为合资经营的典型代表，如 1995 年山推工程机械公司和日本小松制作所合资建立了小松山推工程司。外商直接投资成为"引进来"的主要表现，1992—1996 年间，中国实际利用外资 4889.6 亿美元，其中外商直接投资 3701.7 亿美元，对外借款 945.9 亿美元，其他投资 242 亿美元。

1995 年制定的《外商投资产业指导目录》重新规划了外商投资的产业范围，进一步引导外商投资农业、能源、交通、原材料等基础产业和基础设施，将利用外资从单纯引进资金向引进技术和促进产业结构调整方向倾斜。此后的一系列政策更加强了 90 年代多元化引进外资这一最显著变化，至此，我国"引进来"战略迅速发展。

自 2001 年加入世界贸易组织（WTO）以来，我国对外开放的重点逐步从"引进来"到"引进来"与"走出去"并重，我国对外资领域的法律也因逐步与国际接轨发生了较大变化。2000 年修改《中华人民共和国外资企业法》《中华人民共和国中外合作经营企业法》等，对外商投资企业实行"国民待遇"。2002—2008 年多次修改《外商投资产业指导目录》，进一步加强对外资产业流向的指导。积极引导外商投资现代农业、高新技术产业等，并加大西部大开发和振兴东北老工业基地建设，促使外资进入这些地区，如对限制在沿海地区投资的项目在中西部和东北地区适当放松限制。至 2007 年底，我国累计外商直接投资超过 7500 亿美元，连续 15 年居发展中国家之首，来华投资的国家和地区超过 200 个，全球最大的 500

家跨国公司中 460 多家在华投资。

2008 年的金融危机给世界经济造成了较大的冲击，要求中国的"引进来"战略进一步改进与完善，强调从提高对外开放水平、促进外商投资便利化、营造公平竞争环境、优化区域开放布局四个方面着手为外资提供更加优化的投资环境。2013 年开启的"一带一路"建设也为"引进来"提供了新机遇。

"引进来"政策在改革开放前期缓解了我国资金不足的局面，后期为促进我国产业结构优化升级发挥了重要作用，为我国改革开放 40 年作出重大贡献。

二、"走出去"四十年

如果说"引进来"是对外开放的"A 面"，那么"走出去"就是对外开放的另一面，而且随着时间推移，变得越来越重要。

1978 年党的十一届三中全会将对外投资决定为实施对外开放的具体内容之一。1979 年，当时的国务院就提出"出国办企业"。这是第一次把鼓励中国企业"走出去"、对外投资作为国家政策。1980 年，北京友谊商业服务总公司与日本京丸一商事株式会社合资在日本东京开办"京和股份有限公司"，成为改革开放后我国企业开展对外投资的标志性事件。

此后，随着企业改革的不断深入，在放活企业经营权、实施经营承包责任制、放松企业对外经营活动管制等诸多改革的红利下，越来越多的企业开始尝试对外投资，从事对外投资的企业从最初的以贸易公司为主，逐步发展到工贸公司、工业生产企业、建筑企业和第三产业，投资分布也从最初的集中在中国香港、新加坡到扩散到亚洲其他地区乃至全世界。

在改革开放之初，建筑企业与劳务输出是"走出去"的一大亮点。改革开放后，原来的各部委援外部门开始改制，中国路桥、中国土木、中国港湾、中铁集团、中国水电等公司在这一波改革浪潮中成立，并开始在国际工程承包市场上崭露头角。

1992年邓小平南方谈话后，中国企业"走出去"步伐加快，海外投资规模从几万、几十万美元增加到百万、千万美元量级。中信集团、中化总公司等一些企业的海外投资规模甚至在这一时期突破了1亿美元。除了国有大中型企业外，民营企业也加入海外投资经营的大军，典型的是当时初起的华为公司。此外，建筑承包企业在总结80年代经验的基础上，开始利用自身的比较优势，大力开展对外承包工程和劳务合作，并进军工程总承包领域。

受制于当时严重的外汇短缺、资本短缺和供给短缺，20世纪80至90年代的对外开放还主要体现为"引进来"，"走出去"起的是辅助作用。不过，随着中国经济的快速增长，工业化完成了数量积累阶段，短缺经济时代结束，制造业开始进入供大于求阶段，"走出去"加速提上了议事日程。

1998年，党中央提出："要抓紧研究和实施'走出去'的开放战略，积极开拓国际市场和利用国外资源。"2000年，我国正式提出"走出去"战略，将其作为新时期的开放战略之一，标志着"走出去"进入成规模的时代。2001 年发布的"十五"计划纲要中首次在"五年计划"中提出"走出去"战略，鼓励对外投资，扩大国际经济技术合作。中国加入世界贸易组织（WTO），更是给中国"走出去"提供了强劲动力。

在此背景下，中国企业对外投资呈现井喷式增长。从 2001 年到 2007 年，短短七年间，非金融领域对外直接投资从约 7 亿美元增长到 187 亿美元，2008 年对外直接投资存量突破 1000 亿美元大关，境外中资企业数量突破 1 万家，对外承包工程企业突破 2000 家。值得注意的是，由于对外投资增长过快，这一时期不少投资并未进入官方统计中，因此实际对外投资甚至高于官方统计数字。从领域和地域上，中国企业海外投资也呈现出多元化的趋势。

2008 年开始的金融危机给中国企业"走出去"带来了不少挑战，但也带来了更多机遇。2011 年发布的"十二五"规划纲要中更是明确提出，要"加快实施'走出去'战略"。我国企业对外投资的力度、深度、广度都前所未有。"一带一路"的提出，更是给"走出去"带来了新的助力。

"走出去"与"引进来"是对外开放的一体两面，提升了"两个市场、两种资源"的统筹运作能力，为我国的对外开放不断迈向新格局奠定综合基础。

三、发展合作四十年

国际合作发展是对外开放的另一个重要组成部分，其中既包括中国接受其他国家或组织的发展合作，也包括中国向其他国家和地区提供发展合作。中国很长一段时间既是受援国，也是援助国，为国际发展合作贡献了中国力量。

中国自 1978 年实施改革开放后，先后接受来自联合国、世界银行、国际货币基金组织等国际组织机构的贷款援助。世界银行作为我国的主要外资提供方之一，对我国提供了有效的资金和项目技术支持。1981—2011 年，我国利用世行援助实施的项目共 326 个，贷款额总计 478.2221 亿美元，领域从初期的较为单纯的项目管理和技术合作，发展到全面、多部门的合作，再到以减贫、环保为重点。随着我国国力不断增强、人民生活水平不断提高，世界银行的对华援助完成了历史使命，逐渐退出了舞台。

中国接受的外来援助不仅来自于国际组织，也来源于各个发达国家。改革开放以来，中国作为世界上最大的发展中国家，接受了来自 24 个国家的经济援助。日本是自 1979 年后，为中国提供最多经济援助（以下简称 ODA）的国家，在特定的历史时期给两国的关系发挥了重要的作用。1979—2007 年，日本对华 ODA 总额约达 33000 亿日元（协议额：约合 1649 亿元人民币）。中方实际使用日元贷款 19400 亿日元。日元贷款曾是中国经济建设资金的重要来源，不少基础设施由日本援建，如机场、钢铁企业等。日本对华

ODA 还在农业开发、环保、扶贫、人才培养等方面发挥了积极的作用。2008 年，日本对华 ODA 退出历史舞台。

当然，需要指出的是，ODA 诚然推动了中国的发展，但对于日本自身的经济发展也有很大助益，因此日本对华 ODA、日元贷款其实也是中日发展合作。日本 20 世纪 70 至 80 年代遭遇经济危机、国内经济萧条、资金剩余，开放且处于快速增长期的中国恰好为日本企业的发展和日本经济的复苏提供了良好条件。而对华 ODA 恰恰是日本打开中国市场，分享中国经济高速成长、突破日本经济"瓶颈"的一把钥匙。

中国在接受世界援助，自身寻求发展的同时，也不忘回馈世界，尽己所能去帮助世界上的其他国家及地区。改革开放以后中国的对外援助工作，也在不断改革发展。

1978 年党的十一届三中全会是中国对外援助的一道分水岭。改革开放政策的制定与实施表明了中国处理国际社会关系问题的鲜明姿态，中国援外工作进入了一个全新的发展阶段，改革开放所带来的中国综合国力的快速增长以及中国在国际事务中发挥作用的增强，一同推动新中国的对外援助事业向着"多元、共赢"的目标前进。

纵观改革开放四十年来中国对外援助的发展大致可以分为两个阶段。第一阶段为 1979 年到 1994 年，是援外工作的探索改革和调整阶段，第二阶段为 1995 年至今，是援外工作的深化改革，对外援助发展合作的提速阶段。

改革开放的总方针促使中国对外援助工作根据形势的发展进行合理调整，逐步改革了实施援助项目的管理体制，方式更为灵活，援建项目更加实用。由于此时期经济因素的地位日益突出，经贸合作迈出了新的步伐，中国将提供援助与互利合作相结合以达到共同发展的目的，这有利于调动援助国与受援国双方的积极性。

与此同时在反思以往对外援助工作的基础上，中国在援外方式和政策方面进行了一些探索性的调整。这一时期的援外工作被赋予了政治与经济的双重意义，不仅要继续推动受援国的经济发展和社会进步，支持第三世界国家争取国际政治经济新秩序的要求和斗争，也要通过对外援助推动双方的互利经贸合作，实现共同发展、共同繁荣。

随着改革开放的深入和发展中国家形势的变化。中国以积极的姿态接触世界。1995 年，中国援外方式再次改革，推行国际通行的政府贴息优惠贷款，并积极推动援外项目合资合作。除了改革援助方式外，此时期中国紧急人道主义援助的数量也大大增加，中国曾先后对遭受重大自然灾害和经济社会动荡的国家及时提供紧急人道主义援助。例如，中国在稳定亚洲金融危机、抗击"非典"疫情、救助南亚地震海啸灾难、帮助非洲国家应对自然与社会危机等方面发挥了重要作用。

2006 年，中非合作论坛北京峰会召开，推出了推动中非新型战略伙伴关系发展的八项措施。"八项举措"标志着中国对外援助进入了一个新的发展阶段。2013 年启动的"一带一路"建设，更是给国际发展合作带来了新要求，也提供了新动能。

项目越来越多，任务越来越重，提高对外援助的质量与效率也就成为对外援助改革工作中的重点，对全面整合国际发展合作的呼声也日渐高涨。2018年，国际发展合作署正式成立，标志着我国国际发展合作工作进入了新的纪元。

中国的发展受惠于来自各发达国家、国际组织的海外援助，在获得援助，实现自身发展的同时，中国也不忘其他发展中国家，尽力而为，去帮助其他国家及地区的经济社会发展，并不断自我改革发展对外援助模式，以求为促进共同发展尽己之力。

第三节 "一带一路"带动开放发展的全球治理

2013年9月，中国提出"一带一路"倡议，这是过去开放发展历程的结晶，也是一次升华，将开放发展的理念带到全球治理领域，贡献了中国智慧。

首先，"一带一路"是开放包容的治理。过去的全球治理机制实际上是"中心—外围"结构，处于国际体系"中心"的发达国家更多地强调"规则"和"标准"，而忽视处于"边缘"国家的发展诉求。"中心—边缘"国家之间实际上形成了"治理"与"被治理"的关系。"一带一路"倡议坚持共商共建的原则，各方共同参与，都可以就本国需要对多边合作议程产生影响，不以意识形态划线，不搞以邻为壑，不搞排他性安排。这也是为什么"一带一路"特别强调"发展战略对接"——对接是自愿性质的，而不是执行某种生硬的标准或规则。正可谓"海纳百川，有容乃大"；开放包容，共商共建，是"一带一路"在治理结构上的理念创新。

"一带一路"是合作共赢的治理。在过去的全球化过程中，发达国家掌握了资本和核心技术，发展中国家是资源来源地和产品销售地。20世纪80年代以来，又逐渐形成了发达国家（尤其是美国）掌握金融、发展中国家生产产品的"中心—外围"环流。无论是哪种模式，处于中心的发达国家都赚取了体系性利益，处于边缘的发展中国家则很难实现其发展目标——至今，完成发展任务、跃升至较发达经济体的发展中国家寥寥无几，且极具地缘政治特殊性。这就是旧体系压抑发展的结果。"一带一路"超越以往地区发展不平衡的海洋型全球化，坚持共建共享原则，注重陆海联通、互联互通，聚焦合作共赢，主张沿线国家既发挥各自的优势，也弥补自身的劣势，取长补短。比如，我们既推动能源资源合作，又注重根据各国需求与实际情况，推动工业化与国际产能合作。此外，"一带一路"倡议鼓励沿线国家培养人才，加强国家能力建设，增强自主发展能力。这就超越了传统的比较优势理论。正可谓"一枝独秀不是春"；合作共赢，取长补短，是"一带一路"在治理目标上的理念创新。

"一带一路"是聚焦发展的治理。过去的全球治理方式在平衡短期收支等方面有成效，但并没有从根本上解决发展问题。发展不足、发展不平衡，是 2008 年全球金融危机的根本病灶。危机爆发后，G20 峰会机制曾在应对危机上发挥了重大作用，但直到 2016 年杭州峰会前，G20 在重启贸易与投资、推动长效发展方面有欠缺。相比之下，"一带一路"倡议的内核是"聚焦发展"，通过发展来"治本"。例如，亚洲基础设施投资银行的建立，聚焦基础设施与实体经济投资，旨在解决投资不足这个根本问题。正可谓"本立而道生"；标本兼治，聚焦发展，是"一带一路"在治理方法上的理念创新。

第四节　走向"更宽、更广、更深"的"一带一路"

从开放、发展的内涵出发，"一带一路"建设要想消除"理解赤字"，更加开放包容，其外延内容就要更为丰富，走向"更宽、更广、更深"——领域更宽、地域更广、程度更深。

一、领域更宽

"一带一路"倡议构想牵涉面甚广，且具有挖掘和探索的深度，并非如过去常说的只是修路架桥等基础设施建设。"一带一路"的领域已经扩大到了整体上的基础设施、政策、贸易、金融、融资、国际产能合作以及海上合作等，突出地表现为"四条丝绸之路"：

——"蓝色丝绸之路"。2017 年 6 月，中国国家发展和改革委员会、国家海洋局联合发布《"一带一路"建设海上合作设想》，将建设海洋强国与"一带一路"紧密结合。

——"冰上丝绸之路"。2017 年 12 月，随着俄罗斯亚马尔项目奠基，中俄共建"冰上丝绸之路"正式启航。"冰上丝绸之路"穿越北冰洋，跨越北极圈，将东亚与欧洲连在一起。此外，南极也有潜力成为"一带一路"远期的重要组成部分，将建设极地强国与"一带一路"紧密结合。

——"天基丝绸之路"。2015 年 3 月，中国航天支撑的"天基丝路"正式启动。卫星通信、遥感、导航等通过空天将不同国家连在一起，将建设航天强国与"一带一路"紧密结合。

——"数字丝绸之路"。2017 年 5 月，习近平主席在"一带一路"国际合作高峰论坛开幕式上的演讲中指出，我们要坚持创新驱动发展，加强在数字经济、人工智能、纳米技术、量子计算机等前沿领域合作，推动大数据、云计算、智慧城市建设，连接成 21 世纪的"数字丝绸之路"。这将建设网络强国与"一带一路"紧密结合。

领域范围虽然在不断扩大，但并不是完全发散的，它们依旧归并到一个主题，即开放发展。外延服务于内涵，外延的扩大使发展的深度和广度也在不断扩大，使其不再局限于狭义的经济增长，更重要的是关注人类的发展，世界平衡可持续发展等。

二、地域更广

在"一带一路"最先被提出来之时，普遍观点是"一带一路"在国内主要关涉西部省份和沿海省份，并且在很长一段时间之内流传着"一带一路"十八省的概念，这其实是一种误解。实际上，在国内部分，全国包括港澳台地区都参与进来，并在其中扮演了重要角色。在国外部分，不仅是欧亚大陆，非洲、大洋洲、拉丁美洲，甚至是加勒比地区都不会被拒之门外，任何有意愿加入的国家都可以参与共建"一带一路"。

"一带一路"是一个开放包容的概念。所谓"包容"，即不仅是发展中国家，我国对发达国家，尤其是一些重点国家，比如美国、日本、英国、加拿大及澳大利亚等，都保持合作态度。即使其政府对"一带一路"持疑虑、阻挠乃至反对态度，也可以通过企业合作、民间合作推动。对于那些与中国在传统地缘政治上有一定歧见乃至理念上的冲突的国家，我国也能用开放和包容去接纳，这点具有十分重要的意义。

总之，"一带一路"的地理范围十分之广，甚至没有明确的边界线，它包含国内各省市，以及所有愿意参与"一带一路"的国家和地区。

三、程度更深

"一带一路"的成功与否，最终还是要落实到一个个具体的项目上。必须要在项目上"精耕细作"，确保这些项目扎扎实实地完成，并取得良好的经济、政治与社会效益。

程度更深，还意味着要更多与当地社会打交道，让老百姓感受到"一带一路"带给他们的实惠。以往，我们对此重视程度还不够。今后，涉外企业应当进一步"俯下身去"，将企业社会责任（CSR）浸润到经营活动的方方面面。只有这样，才能塑造良好的"中国名片"，为其项目以及其他中资企业的项目推进减少无形阻力。

程度更深，还体现在推动合作的方式上，要双边、多边"双管齐下"。联合国开发计划署、上海合作组织以及由中方牵头推动的澜沧江—湄公河合作机制等，都是典型的国际多边机制。借由这些充满不确定性和机遇的多边场合，中国甚至能谋求与一些非建交国家合作推进"一带一路"建设。非建交国家大多在拉美与加勒比地区以及南太平洋地区。通过太平洋岛国论坛、拉美和加勒比国家共同体等多边论坛对接"一带一路"倡议，不仅可以带动非建交国家与中国共建"一带一路"，还能够推动中国与这些国家的进一步建交。巴拿马不会是最后一个例子；可以预见未来会有更多像巴拿马这样的国家与我建交、参与到"一带一路"建设中来。

四、要做好攻坚克难的准备

随着"一带一路"的推进进入"深水区","动了一些人的奶酪",各方面矛盾容易暴露乃至激化。在此情况下,要做好攻坚克难的准备,深化各方对"一带一路"的理解与支持。具体说要做好以下工作:

第一,要注重国内国外联动,给老百姓看到实惠。中国仍然并且将较长期处于发展中国家阶段。中国的发展现状决定了当前的第一要务是国内发展。另一方面,要追求共赢而非孤立地发展,即在发展自身的同时进一步推动全面对外开放,以开放进一步促进产业升级和经济结构的完善,带动周边乃至世界发展环境的优化,为自身创造条件与机遇。在此过程中,"一带一路"的国内部分与国际部分应有更充分的互动,要破除"一带一路"只是在国外做项目的成见,让国内老百姓真正看到"一带一路"的实惠,建立"获得感"。

第二,要注重提供"公共品",推动规则制定。在全球经济陷入低迷,复苏缓慢的大背景下,中国承担起大国责任,出资成立亚洲基础设施投资银行,并为参与的欠发达国家及地区提供大量资金、技术和人才支持,在某种程度上中国扮演了"公共品"的提供者这一角色。通过提供"公共品",要获得制定规则的权力。掌握和运用国际规则的能力,已经是一个国家综合实力的一部分。中国将不再是适应外部形势,而是要主动地塑造外部形势。例如,推动建立"一带一路"争端解决机制，将成为中国更多涉入民商事争端规则制定的突破口。

第三，要注重应对阻力，寻求"最大公约数"。"一带一路"自正式提出起，就面临着部分国家的质疑甚至是实际阻力，正是因为这些误解和指责的存在，"一带一路"倡议一直以来都在寻求"最大公约数"，"去地缘化"，通过求同存异来达成合作和战略对接。如果强调地缘限制，强调连通，强调地缘政治，"一带一路"遭遇的阻力和抵触会更强，同时也降低了自身的战略眼光和格局。因此强调发展，强调共同性，强调超越欧亚大陆的普适性，才是众望所归的正确方向。

第四，要注重发挥市场主体的主动性和创造性。政府与市场之间如何互动，如何把"一带一路"做成对市场有利、对企业有利的互利共赢项目，是一个巨大挑战。在这方面，中巴经济走廊是一个成功案例。中巴经济走廊最初设想为以公路、铁路及能源管线等实体为主的地理连通，但在实际建设过程中，由于巴基斯坦对发展电力的迫切需求，以及某些市场主体，尤其是电力企业追求利润的积极态度，间接塑造了中巴经济走廊的内涵，使之由最初在地理上把喀什和瓜达尔联系起来的走廊，演变成现在大部分的投资金额都集中在电力领域的局面。尊重市场主体的主动性，能带来规划之外、意想不到的收获。

第 九 章

从加工到进口：开放格局的转型之路

贸易是经济发展的重要因素，也是衡量经济发展的重要指标，国家的发展离不开贸易。后金融危机时代，世界经济进入了深刻调整期，全球贸易在增长速度、驱动机制和发展方式等方面随之呈现出一些新的变化与发展特征。同时，这些变化与特征在相当一段时间内主导全球贸易发展，呈现出了全球贸易新常态。同时，中国特色社会主义进入新时代，改革进入深水区，在贸易方面呈现出不同于过去的新特点。

第一节　从"三来一补"到世界工业中心之路

改革开放 40 年来，中国通过对外贸易全面参与国际分工，从制成品、中间商品到生产环节全面融入全球价值链，国际分工地位显著提升，分享经济全球化的利益，并成为我国经济保持持续快速增长的重要动力之一。改革开放初期，中国劳动力要素充裕且价格低廉，但资本要素较为缺乏。发展劳动密集型的加工贸易符合要素禀赋理论，是中国实现经济跨越性发展的必经之路。中国加工贸易自广东而始，在发展劳动密集型加工贸易的过程中，形成了"三来一补"的企业模式。"三来一补"是"来料加工""来料装配""来样加工"和"补偿贸易"的简称，是当时中国大陆从事加工贸易企业的重要特征。在东亚产业规模性转移的大背景下，中国抓住时机，积极承接日本、韩国、中国香港等经济体劳动密集型产业的转移，"三来一补"企业如雨后春笋般兴起。"三来一补"企业的出现，推动了中国出口贸易的不断发展，缔造了"中国出口奇迹"。中国凭借庞大的劳动力数量和低廉的劳动力价格迅速占据国际价值链的中低端，以低廉的报酬为代价训练了大量熟练工人，实现了技术转移，成为中国调整产业结构，向产业链高端迈进的重要根基。

但必须看到，过去的四十年不仅属于出口贸易，进口贸易对中国的发展同样起到了重要作用。回顾过去的四十年，进口引致出口机制发挥了极其重要的作用，即通过进口所带来的先进生产设备、管理水平等直接或间接的溢出效应，帮助国内企业获得跨越技术差距的生产率优势，在"自我选择效应"的作用下最终扩大出口。

改革开放四十年，中国逐渐成为"世界工厂"，2017 年，中国制造业产值为 242707 亿元，约为美国、日本与德国之和。中国的经济得到迅速发展，2017 年，中国国内生产总值达到 827122 亿元，比 2016 年增长 6.9%。但随着中国经济进入"新常态",中国经济发展结构进入深刻调整期。一方面,中国的要素结构发生变化:资本要素相对充裕、劳动力要素价格上涨,以"三来一补"为特征的加工贸易进入到"资少劳剩""钱少工宜"的特殊时期,越来越不适应当代中国的发展;另一方面,出口对经济发展的贡献率呈下降趋势,与此同时,消费对经济发展的贡献率不断提升,内需越来越成为经济发展的决定因素。近年来,中国人民的消费水平不断提高。以信贷消费和电子商务为代表的现代消费方式在我国快速发展。据数据统计,2017 年全年居民短期贷款增加 1.83 万亿元,同比增长 181.8%,呈现爆发性增长。腰包鼓起来的人民对美好生活的追求,体现在进口上,尤其反映在跨境电商的数据上。2016 年,中国跨境进口电商交易规模达 12000 亿元,同比增长 33.3%,跨境网购用户达 0.42 亿人,同比增长 82.6%。伴随着经济的发展与人民消费水平的提高,中国社会的主要矛盾发生转变。党的十九大报告明确指出:中国特色社会主义进入新时代,我国社会主要矛盾已经转化为人民日益增长的美好生活需要和不平衡不充分的发展之间的矛盾。顺应人民日益增长的美好生活需要,扩大进口,已成为大势所趋。

我国正处于新一轮经济增长周期,在国际经济增速放缓和国内经济结构调整的大环境下,需要通过贸易继续加强国内外资源的转化力度,在全球范围内合理利用与配置资源,以支持经济的可持续发展。推动新型的贸易发展方式,均衡进出口贸易是我国从贸易大国走向贸易强国的必经之路。从战略层面看，贸易大国的发展逻辑主要体现为依赖国内资源开拓国际市场，而贸易强国的发展逻辑表现为依赖国际资源发展国内市场。当前，我国贸易正面临着国际国内贸易失衡的双重挑战，因此，必须将调整进出口结构，尤其是发展进口作为新型贸易发展的主要方向。

第二节　当前国际国内贸易格局的问题

一方面，逆全球化浪潮兴起，在经济上表现为贸易保护主义盛行。贸易自由是经济全球化的重要组成部分，第二次世界大战后成立的关税与贸易总协定（GATT）以及脱胎自关贸总协定的世界贸易组织（WTO）是贸易自由的制度化产物。但 2008 年金融危机以来，世界经济发展受挫。在国际层面，全球贸易额增速放缓，其中，2015 年、2016 年全球贸易额分别陷入 –13.2%、–3.2% 的负增长，尽管 2017 年上半年全球贸易有所好转，但是国际贸易形势仍然十分严峻。在国家层面，部分国家认为在国际贸易中自身的利益受挫，表现为对其他国家巨大的贸易逆差，由此走上了贸易保护主义的道路，各国之间的贸易摩擦日益频繁，自由贸易体系受到严峻挑战。

2018 年 3 月 8 日，美国总统特朗普在白宫举行了与钢铝行业高管和工人的见面会，并在会上正式签署了命令，将于 15 天后对美国进口的钢铁和铝分别征收 25% 和 10% 的关税，引起了国际市场的骚动甚至是恐慌。3 月 22 日，美国总统特朗普签署针对中国"知识产权侵权"的总统备忘录，内容包括对价值 500 亿美元（约合 3165.5 亿元人民币）的自中国进口商品加征关税，新的关税可能影响到约 1300 个自中国进口的商品。面对美国的贸易大棒，中国初步予以还击。中国商务部在 3 月 23 日早 7 时左右发布"针对美国进口钢铁和铝产品 232 措施的中止减让产品清单"，拟对约 30 亿美元自美进口产品加征关税，并研究第二批、第三批对美清单。中美之间最近的贸易互动，在一定程度上是贸易失衡的后果。

另一方面，改革开放 40 年来，中国通过对外贸易全面参与国际分工，国际分工地位显著提升，分享经济全球化的利益，并成为我国经济保持持续快速增长的重要动力之一。出口贸易是一国国内市场不断外延和进口贸易持续发展的保证条件，并与消费、投资构成拉动国民经济增长的"三驾马车"。同时，出口贸易还是国内企业开阔视野、参与国际竞争和享有外溢效应的重要手段。但我国进出口商品种类不尽合理：我国出口商品以中低端商品为主，附加值较低；商品进口缺乏规划，与国家战略脱节；粗放式的经济增长使得贸易增长方式严重依赖出口，贸易结构出现了深层次问题，这将直接影响我国在全球经济格局中的战略地位。货物贸易顺差揭示出我国经济结构在全球经济发展潮流中的滞后，提升国际竞争力的切入点与发达经济体存在错位出口与进口的不平衡不仅体现了贸易顺差问题，而且体现出我国在国内资源与国际资源间无法进行合理配置。

第三节　中国进出口格局转型与政策调整

面对国内国际的贸易失衡，我国必须有所作为。面对国内国际贸易失衡的新情况，我国可以对进出口进行如下调整。

一、宏观层面上制定合适恰当的贸易政策

无论是 2018 年 3 月 8 日签署的对美国进口的钢铁和铝分别征收 25% 和 10% 的关税，还是 3 月 22 日签署的对价值 500 亿美元的自中国进口商品加征关税，关税调整幅度较小，涉及的领域比较集中，虽然不排除特朗普政府在后续政策中"加码"的可能性，但相比 20 世纪美日贸易战的激烈程度来看，现在中美之间的贸易互动还没有达到高强度贸易战的程度，更像是中美之间的战略试探和讨价还价。

过分夸大贸易战的烈度，可能会在各个方面造成严重后果。因为"贸易战"一词是一种心理暗示，可能会导致市场恐惧，造成市场恐慌，进而损害市场秩序。现实中，市场主体确实对"贸易战"一词极度敏感。在特朗普的关税新政尚未达到"贸易战"烈度的情况下，市场主体纷纷逃离股市，转而买入安全避风港资产。在特朗普扬言进行"贸易战"之后，道琼斯工业平均指数下跌 340 点，至

24269 点，跌幅为 1.4%；标普 500 指数下跌 0.9%，纳斯达克综合指数也下跌 0.9%。

另外，"贸易战"可能导致社会不安。滥用"贸易战"这种表达方式，对社会秩序也会造成不利影响。欧元区是特朗普此次"关税大棒"的重点关注地区。"贸易战"这种表述方式很有可能加剧欧洲社会的恐慌情绪，加剧欧洲民粹主义的蔓延。

最后，"贸易战"如果被泛化使用会影响国家层面的决策。如果过高地估计对方贸易政策的烈度，可能会造成两种政策后果：一是妥协，被迫调整政策，贸易利益受损，对方则通过烈度低于贸易战的贸易政策实现了收益的最大化；二是对抗，采取更加激烈的政策加以反制，从而导致贸易领域的"安全困境"，导致真正的"贸易战"到来，从而形成"自我实现的预言"。

因此，面对贸易层面在国际层面的后果，中国必须要制定恰当的反制措施，不仅要学会未雨绸缪，更要学会"软硬兼施"。

一方面我们应该继续与美国寻求对话空间，最大限度地挖掘双方的共识，继续落实作为中美四个高级别对话机制之一的全面经济对话；2017 年 5 月 12 日中美双方宣布就经济合作"百日计划"达成十项共识。在这份被称为"贸易大礼包"的清单中，最让美国人感到兴奋的就是，美国牛肉时隔 14 年后被允许重返中国市场。面对中国规模超过四千亿元的牛肉市场，美国业界兴奋不已，特朗普总统、白宫发言人和美国养牛者协会都公开表达了欣喜和期待。这 10 项早期收获共识具体内容包括：中方不晚于 2018 年 7 月 16 日，允许进口美国牛肉，允许在华外资全资金融服务公司提供信用评级服务，允许美国全资电子支付服务供应商申请许可证；美国欢迎中国自美进口液化天然气，美方欢迎来自中国企业家的直接投资等。

根据路透社报道，国际知名咨询公司波士顿咨询（BCG）与阿里巴巴旗下阿里研究院的最新报告预估，大陆消费市场仍将以年均10％的速度增长，预计至 2021 年市场规模将达 6.1 万亿美元，未来五年约增加 1.8 万亿美元，相当于一个英国消费市场规模。面对中国不断推出的"软措施，务实的美国商人们不会视而不见的"。

另一方面，面对美国的贸易大棒，我们应该提高中国在国际贸易中的反制手段与措施，避免美国继续以"切香肠"的方式对中国施压。2017 年 11 月，刚刚在访华期间从中国带走 2500 多亿美元大单，美方随后就拒绝承认中国的市场经济地位，如此之下，中国也做出强势回应。2018 年 2 月 4 日，中国开始对进口自美国的高粱展开反倾销和反补贴调查；2 月 17 日，商务部又对美国的 232 调查作出强势回应，称其"毫无依据"。也让美国意识到擅自单方面向中国发动贸易攻击是风险巨大的妄举。美国要认清一个不争的事实，较中美建交初期，中国经济结构已发生了变化，对"三驾马车"中的出口依赖大大下降，2016 年净出口对经济贡献率是 –7.8％。

不同于美国其他贸易伙伴，诸如加拿大、墨西哥，中国在国际上的地位已经今非昔比，如果不能将中美经贸关系放在中美关系大的战略框架下去考虑，美方招致的损失可能不仅仅是贸易数字变化所能体现的。同时，中国之所以不会像 20 世纪 80 年代在贸易战争中惨败给美国的日本一样，是因为我们有强大的综合国力做基础，我们在对外关系中能够做到独立自主。

二、继续深化贸易结构改革

深化贸易结构改革，必须要从出口和进口两方面抓起。

在出口方面，一是加强政策研究，保障对外贸易的健康发展。按照世界贸易组织规则和我国外经贸结构调整的要求，不断完善对外贸易政策，加强政策对贸易发展方式转变的引导与促进作用，优先支持企业自主创新、技术改造和出口品牌建设；二是着力调整贸易结构，提高对外贸易质量。进一步优化出口商品结构，继续扩大机电产品和高新技术产品的出口，提高传统出口商品的档次和价格；三是增强一般贸易竞争优势，促进一般贸易的结构调整。发展重点放在增值较大的环节上，提高一般贸易出口商品的科技含量和附加值，进一步加大技术研发投入力度，积极扩大自主创新和自主品牌商品的出口。在出口方面，要改变传统对外贸易结构以加工贸易为主的局面，调整经济结构，向产业链中高端延伸，实现一般贸易和加工贸易的均衡，推动通过加工贸易出口的产品从低附加值向高附加值转变。实现向产业链中高端延伸，一方面要深入贯彻落实推进供给侧结构性改革。十八大以来，以习近平同志为核心的党中央提出了全面建设小康社会、全面深化改革、全面依法治国、全面从严治党的战略布局，其中，全面深化改革在战略布局中占有重要的地位，而经济改革是全面深化改革的重点，经济改革的重心是供给侧结构性改革。我国经济供需失衡主要表现在有供给无需求、有需求无供给、低效供给抑制有效需求这三大方面，问题集中于供给侧。因此必须推进供给侧结构性改革，淘汰落后产能，将资源从低端产业中解放出来，更多地流向高端产业，推动产业结构优化升级，提高出口贸易质量。另一方面，要深入贯彻落实创新驱动发展战略。创新驱动发展战略是十八大以来党中央提出的重要战略。中国经济发展进入新常态，存在着陷入"中等收入陷阱"的风险，必须调整经济结构，加快制造业优化升级，建设创新型国家。科技创新可以提高全要素生产率，是提高生产力和综合国力的战略支撑，必须摆在国家发展全局的核心位置。国家高度重视创新驱动发展战略。在十九大上，习近平总书记指出，创新是引领发展的第一动力，是建设现代化经济体系的战略支撑。国家高度重视创新驱动发展战略。通过实施创新驱动发展战略，推动"中国制造"向"中国智造"转变，促进高端产业的突破性创新，改善贸易质量，优化贸易结构。2017 年的政府工作报告中明确指出：促进加工贸易向产业链中高端延伸、向中西部地区梯度转移。推广国际贸易"单一窗口"，实现全国通关一体化。增加先进技术、设备和关键零部件进口，促进贸易平衡发展和国内产业加快升级。

在进口方面，调整进口结构，使进口贸易与产业政策相适应。一方面，在不伤害国内产业发展的前提下，增加先进技术、设备和关键零部件进口，促进贸易平衡发展和国内产业加快升级。就进口最终产品而言，国家进口外国相关领域的商品，势必会影响国内厂商的市场份额，加剧行业竞争。面对竞争对手增加、利润下降的风险，国内厂商可以选择技术革新以应对冲击，在挽救自身的同时促进了技术创新，推动行业的整体发展。此外，进口先进的外国商品，会给输入国企业带来模仿的动机，在学习新工艺的过程中，技术溢出发生，推动商品输入国的技术创新水平。就进口中间品而言，进口成本低廉或国内不具备生产技术的中间品，有助于降低生产成本，推动企业进入高附加值产品领域，推动企业技术创新。另一方面，削减甚至禁止非必要商品的进口。以"洋垃圾"进口为例，中国是目前全球最大"固体废物"进口国，年进口量占全球年产生量的56%，"洋垃圾"进口的确为我国创造了一笔不小的收入，但我国环境也为此付出了惨重的代价。2018年1月起，我国已全面禁止从国外进口24种"洋垃圾"。禁止洋垃圾进口，有利于保护环境，推进可持续发展，促进产业结构优化升级。

三、实现进口与出口的平衡发展

实现进口和出口的平衡发展，即出口与进口在公平合理的国内外环境中实现均衡发展。立足国内产业结构，转变我国过度依赖劳动力资源、耗费巨大资源和环境的发展模式，取而代之的是合理利用国际资源，实现国内外资源的优良配置，以促进我国经济稳步发展。实现进口和出口的平衡发展，首先要稳定出口。改革开放以来，中国进出口贸易的重心在于出口，缔造了"中国出口奇迹"，而这其中，进口引致出口机制发挥了极其重要的作用，即通过进口所带来的先进生产设备、管理水平等直接或间接的溢出效应，帮助国内企业获得跨越技术差距的生产率优势，在"自我选择效应"的作用下最终扩大出口。20 世纪 90 年代末到 21 世纪初，以我国加入 WTO 带来的贸易优势，出口成为我国经济增长的主要动力，使得我国成为世界工厂，融入全球制造的链条之中。作为经济增长的"三驾马车"之一，出口虽然为中国经济的发展做出了卓越的贡献，但是在新的历史时期其缺陷逐渐暴露出来：首先，中国出口商品的附加值较低，长期位于产业链低端，投入与产出不成比例；其次，持续扩大出口造成了资源的过度消耗和环境的破坏，与可持续发展相背离；最后，持续扩大出口恶化了中国与其他国家之间的贸易关系，某些国家以中国贸易顺差为由攻击中国，使中国形象受损。在新时代，中国的出口应该在量上保持平稳增长，遏制出口下滑势头，在质上应该促进出口商品向中高端发展，提高附加值。2016 年的政府工作报告指出：一要加快落实和完善政策。优化出口退税率结构，确保及时足额退税，严厉打击骗取退税。增加短期出口信用保险规模，实现成套设备出口融资保险应保尽保。二要鼓励商业模式创新。扩大跨境电子商务试点，支持企业建设一批出口产品"海外仓"，促进外贸综合服务企业发展。2017 年的政府工作报告进一步指出：扩大出口信用保险覆盖面，对成套设备出口融资应保尽保。推进服务贸易创新发展试点，设立服务贸易创新发展引导基金。支持市场采购贸易、外贸综合服务企业发展。加快外贸转型升级示范基地建设。

实现进口和出口的平衡发展，更重要的是发展进口。目前，我国正处于新一轮经济增长周期，需要通过贸易继续加强国内外资源的转化力度，在全球范围内合理利用与配置资源，以支持经济的可持续发展。新型的贸易发展方式关键在于进口，提升进口水平，均衡国内目前的进出口失衡的局面是我国从贸易大国走向贸易强国的必经之路。从战略层面看，贸易大国的发展逻辑主要体现为依赖国内资源开拓国际市场，而贸易强国的发展逻辑表现为依赖国际资源发展国内市场。而就贸易本身来看，进口与出口对资源利用的意义截然不同。一般而言，出口主要利用国内的资源，进口主要利用国际的资源。从贸易政策的作用方向和程度来看，一国利用国内资源的自主性较高，而利用国际资源的自主性较低。对于我国而言，在发达国家限制向我国出口高技术产品，控制大宗资源产品国际贸易的背景下，利用国际资源的难度较大。因此，贸易政策的重点应放在进口贸易的发展上。

近年来，中国政府日益重视进口贸易，2016 年的国务院政府工作报告指出，中国应实施更加积极的进口政策，扩大先进技术设备、关键零部件及紧缺能源原材料进口。此外，中国政府还通过举办博览会的形式推动进口贸易。2017 年 5 月 14 日，中华人民共和国主席习近平在"一带一路"国际合作高峰论坛上宣布中国将从2018 年起举办中国国际进口博览会。

从宏观层面看，中国举办国际进口博览会，通过开放、共享中国市场，体现了中国负责任的大国担当，有利于形成示范效应，促进各国开展贸易和开放市场，推动经济全球化深入发展和构建开放型世界经济，为推动构建人类命运共同体创造条件。同时有利于发展更高层次的开放型经济，推动我国经济持续健康发展，为决胜全面建成小康社会、夺取新时代中国特色社会主义伟大胜利、实现中华民族伟大复兴的中国梦贡献力量。

从科技需求层面看，改革开放四十年，中国已经成为世界制造业大国。国家制造战略的提出则进一步敲响了中国制造业转型升级的钟声。由大转强，中国的制造强国梦必须依赖更多科技创新的涌现，依赖更多高精尖产品的推陈出新。高端装备、智能装备、新能源汽车、高端体检等各大中国市场正面临着越发旺盛的需求与难以生产的供给之间的矛盾。

中国不断增大的科研经费投入反映了中国制造强国梦已然扬帆启航。而研发（R&D）投入在国内生产总值的比重逐步上升显示出加速推动科技创新的决心。科研领域大笔资金的投入，意味着中国前沿行业市场未来将越来越庞大。中国国际进口博览会的举办为积极寻找新技术、新设备的中国制造企业打开了解的窗口，同时也给各国商贸企业提供了世界级的科技展示舞台。

从消费层面看，中国举办国际进口博览会符合国内消费增长的需求。2018 年，我国消费市场呈现规模稳定增长、结构升级的特点，城乡差距缩小，新消费热点不断涌现的局面，消费仍将是经济增长的主要动力之一。中国拥有世界上规模最庞大的中等收入群体，形成了巨大的国内市场。这不仅带来对消费品的需求，也带来对服务的多元化需求。随着医疗科技的进步，人们的寿命得到延长，老龄人口比重的增加则对医疗保健、休闲养生等方面的消费品和服务带来需求。随着二胎政策的放开，新一轮婴儿潮将使得中国人口结构进一步改变，关于生育、家政、幼教等一系列服务行业也将因此调整。同时，以信贷消费和电子商务为代表的现代消费方式在我国快速发展，这对扩大消费需求产生了促进作用。

四、加大推进贸易自由化力度

进一步削减关税，推动贸易自由化。国际层面的贸易失衡体现为经济危机以来，各主要国家重新回到贸易保护主义的藩篱之中，"逆全球化"风头正盛。面对国际层面的贸易失衡，作为负责任的大国，中国有责任高举自由贸易的旗帜，捍卫经济全球化。推动自由贸易，中国应推动自由贸易区建设。2016 年国务院政府工作报告明确肯定了自贸区建设。工作报告指出：加快实施自由贸易区战略。积极商签区域全面经济伙伴关系协定，加快中日韩自贸区等谈判，推进中美、中欧投资协定谈判，加强亚太自贸区联合战略研究。我们愿与各方一道，推进贸易投资自由化，共同构建均衡、共赢、包容的国际经贸体系。2017 年的政府工作报告在建设自贸区基础上更加强调了多边贸易谈判的重要意义。工作报告指出：中国将坚定不移推动全球经济合作，维护多边贸易体制主渠道地位，积极参与多边贸易谈判。我们愿与有关国家一道，推动中国—东盟自贸区升级议定书全面生效实施，早日结束区域全面经济伙伴关系协定谈判，推进亚太自贸区建设。继续与有关国家和地区商谈投资贸易协定。

第四节　人民美好生活向往与全面开放新格局

对外开放是中国的基本国策。十一届三中全会后，中国在深圳、珠海、汕头、厦门设立了经济特区，揭开了对外开放的序幕。十八大以来，以习近平同志为核心的党中央提出了创新、协调、绿色、开放、共享的新发展理念，加大了对外开放的力度，以"一带一路"为重点，形成了陆海内外联动、东西双向互济的对外开放新格局。

贸易转型与对外开放息息相关。2018 年 4 月 10 日，博鳌亚洲论坛 2018 年年会在海南博鳌举行。习近平主席出席开幕式并发表重要讲话。在讲话中，习主席强调中国将不断加大对外开放水平，习主席庄严宣誓："中国坚持对外开放的基本国策，坚持打开国门搞建设。中国开放的大门不会关闭，只会越开越大！"同时，在演讲中，习近平主席将扩大进口作为加强对外开放重要手段，习主席指出："内需是中国经济发展的基本动力，也是满足人民日益增长的美好生活需要的必然要求。中国不以追求贸易顺差为目标，真诚希望扩大进口，促进经常项目收支平衡。"目前，我国仍然处于发展的战略机遇期。在新的开放格局中，中国企业必须放眼看世界，学习西方企业，树立自己的品牌形象，从重塑全球价值链走向重塑全球价值观。

通过增加从"一带一路"沿线国家的进口，同"一带一路"沿线国家进行自由贸易区谈判，中国可以推进"一带一路"建设，实现沿线国家共同繁荣。"一带一路"是我国对外开放的重要举措，其中贸易畅通在"一带一路"建设中具有重要的意义。"一带一路"沿线国家的商品深受中国人民喜爱：东南亚国家的热带水果受到中国人的热捧，乌克兰以其"欧洲粮仓"之称闻名于世，中国的进口给了这些国家千载难逢的发展机遇。中国同"一带一路"沿线国家自由贸易区的谈判，以及上百亿元"大单"的签订，一方面可以进一步满足人民日益增长的对美好生活的向往，另一方面也为其他"一带一路"沿线国家提供了利用优势禀赋发展经济的平台，推动当地劳动力就业，最终实现共同繁荣。

开放的世界以人类命运共同体为最终归宿。中国调整贸易方式，扩大进口，对于构建人类命运共同体具有重要意义。2017年，习近平在联合国日内瓦总部和达沃斯世界经济论坛两处，做了《共同构建人类命运共同体》和《共担时代责任共促全球发展》两篇重要讲话，共同构成"人类命运共同体"的完整理念阐述。第二次世界大战以来，尤其是冷战结束以来，经济全球化使得世界各国越来越深地参与到全球价值链之中，形成了"你中有我、我中有你"的相互依存格局。然而 2008 年金融危机以来，经济全球化遭遇退潮，西方发达国家纷纷走上封闭保守的道路。而作为世界经济"新火车头"的中国，拥有世界五分之一人口，正在经历人类文明史上规模最大的现代化和城镇化过程，并在有序推进的同时，实现了经济结构的优化升级，成为了开放世界的重要推动力量。中国调整贸易方式，表现了中国对经济全球化的坚定捍卫，对国际自由贸易体系的坚定捍卫，不仅对中国人民是重大利好，而且对世界各国人民都是重大利好，在引导好经济全球化走向的同时，打造富有活力的增长模式，建设一个持久和平、普遍安全、共同繁荣、开放包容、清洁美丽的世界。

中国的发展离不开世界，世界的完整离不开中国，贸易将中国与世界完美地联结起来。贸易失衡对中国来说既是挑战又是机遇。中国必须调整进出口贸易，推进进出口平衡，在发展的新阶段占得先机。

第 十 章

从数字中国到机构改革：治理现代化的智慧之路

2014 年"大数据"、2017 年"数字经济"、2018 年"数字中国"先后首次被写入《政府工作报告》，充分展现了我国在统筹推进"五位一体"总体布局，创新驱动发展战略、创新社会治理，在新的科技革命中从"跟跑"转向"并跑"和"领跑"的重大突破。新时期如何为数字中国建设加油助力引起了广泛的关注。

与首次提出"数字中国"相对应，此次机构改革力度空前。正部级机构减少了 8 个，副部级机构减少了 7 个。改革涉及范围广、调整范围深，正如人民日报评论文章所指出的："堪称是改革开放近 40 年来历次机构改革中最有远见和魄力的方案。"乘着科技飞速发展的翅膀，当前的世界正在经历着深刻的社会革命，人与数据的融合、人工智能对人的全范围挑战日益趋近。面对前所未有的时代，面对未来全新的生产力和生产关系，数字中国的发展之路砥砺前行，深化机构改革已成为党和国家推进国家治理体系和治理能力现代化的必然要求。

在全新的时代，需要从战略全局和长远发展的高度去认识这场深刻的变革。大数据时代已经来临，数字化中国建设发展趋势明显。深入学习习近平新时代中国特色社会主义思想，结合人民网习近平系列重要讲话数据库①，我们对截至 2018 年 3 月初的 32.5 万余字涉及相关问题的习近平主席讲话原文进行了文本数据挖掘。

第一节　机构改革、数字中国与国家治理的关系

一、大数据发展行动是建设数字中国的重要路径

2015 年 12 月 16 日，习近平主席在第二届世界互联网大会开幕式上，首次提出了"推进'数字中国'建设，发展分享经济，支持基于互联网的各类创新，提高发展质量和效益"。2017 年 10 月 18 日，习近平总书记在中国共产党第十九次全国代表大会上的报告中明确了加快建设创新型国家，建设数字中国的发展方向。同年 12 月 3 日，习近平主席在致第四届世界互联网大会的贺信中进一步指出："要建设网络强国、数字中国、智慧社会，推动互联网、大数据、人工智能和实体经济深度融合，发展数字经济、共享经

---

① 人民网："习近平系列重要讲话数据库"，http://jhsjk.people.cn/，2018 年 3 月 16 日。

济，培育新增长点、形成新动能。"2018 年政府工作报告中明确提出了"实施大数据行动……为数字中国建设加油助力"。

截至 2018 年 3 月初，习近平主席在系列重要讲话中共提及"数字中国"4 次，"大数据"25 次，涉及讲话原文近 15 万字。通过阅读原文我们发现，数字中国建设与大数据密切相关。大数据是数字中国发展的重要路径。因此我们对习近平主席涉及大数据的讲话原文进行了文本统计分析（图 10—1）。

图 10—1　习近平系列重要讲话中与"大数据"相关的原文关键词（样本：148258 字）

注：圆圈大小与原文中关键词权重成正比，基于 R 语言计算（权重 >85%）。

习近平主席系列重要讲话中关于"大数据"的文本分析表明建设数字中国的大数据发展行动涉及 40 余个关键词，其中与创新、科技、建设、经济、安全、人民等最为密切；同时也看到大数据与产业、技术、人才等要素的影响。并且还反映出了习近平主席对大数据与社会主义、马克思主义、体制、治理、现代化等政治文化及文人社会环境相关问题的关切。分析还显示了习近平主席对大数据和"一带一路"的关注。综合相关文本分析看，数字中国建设是国家治理现代化的重要基础，大数据发展行动是建设数字中国当前阶段的主要内容。

二、建设数字中国是国家治理现代化的重要基础

通过对习近平主席系列重要讲话中与"大数据"和"国家治理"相关讲话原文的对比分析，我们发现习近平主席关于建设数字中国和大数据发展行动中所提出来的重要关键词，如数字化的创新、科技建设、经济、安全、"一带一路"、数字治理等与习近平主席在国家治理重要系列讲话原文提到的改革、制度、治理、人民、社会主义、全面深化改革等高关联度词汇关系密切，前者是后者的基础。

2013 年 9 月 30 日，习近平总书记在十八届中央政治局第九次集体学习时的讲话中指出："我国现代化同西方发达国家有很大不同。西方发达国家是一个'串联式'的发展过程，工业化、城镇化、农业现代化、信息化顺序发展，发展到目前水平用了二百多

年时间。我们要后来居上，把'失去的二百年'找回来，决定了我国发展必然是一个'并联式'的过程，工业化、信息化、城镇化、农业现代化是叠加发展的。"三年之后，在 2016 年 10 月 10 日，习近平总书记在十八届中央政治局第三十六次集体学习时发表讲话，对数字中国建设的重点工作指明了方向："世界经济加速向以网络信息技术产业为重要内容的经济活动转变。我们要把握这一历史契机，以信息化培育新动能，用新动能推动新发展。要加大投入，加强信息基础设施建设，推动互联网和实体经济深度融合，加快传统产业数字化、智能化，做大做强数字经济，拓展经济发展新空间。"

2017 年 10 月 25 日，习近平总书记在党的十九届一中全会上的讲话中指出："在新时代的征程上，全党同志一定要适应新时代中国特色社会主义事业发展进程，牢牢把握完善和发展中国特色社会主义制度、推进国家治理体系和治理能力现代化的总目标，统筹推进各领域各方面改革，不断推进理论创新、制度创新、科技创新、文化创新以及其他各方面创新，坚决破除一切不合时宜的思想观念和体制机制弊端，突破利益固化的藩篱，为决胜全面建成小康社会、开启全面建设社会主义现代化国家新征程提供强大动力。"在国家"并联式"叠加发展的大背景下，数字中国建设作为理论创新、制度创新、科技创新、文化创新的重要内容，将为国家治理能力现代化提供重要基础。

三、深化机构改革是推进国家治理现代化的必然要求

1982 年以来，国务院机构一共集中进行了 7 次改革，先后进行了精减各级领导班子、加快队伍年轻化，淡化政府微观经济管理，政企分开，应对加入 WTO 政府机构调整，探索建立大部制等。结合 2018 年的深化政府机构改革，历次机构改革发展路径清晰可见，始终围绕着政府职能转变的发展脉络，推动国家治理现代化不断发展。通过习近平系列重要讲话原文中共计近 10 万字的"国家治理"和"机构改革"重要相关词汇的对比，这两者的关系可以比较清晰地看出来。

习近平主席关于"国家治理"和"机构改革"相关讲话原文中共涉及 94 个高度相关的关键词（图 10—2），其中这两类文本重合的关键词有 23 个（图 10—2（II）），分别占"国家治理"讲话原文关键词的 51%（图 10—2（I））和"机构改革"关键词讲话原文的 47%（图 10—2（III））。从习近平系列重要讲话文本分析看，机构改革和国家治理的内容有一半是一致的。在不同的内容中，可以看到 2018 年党和国家的机构改革作为全面深化改革的关键部分，是加快国家治理能力现代化的重要步伐。在机构改革内容上涉及了全党权力和利益挑战的深刻变革，也增加了生态、监督等新的内容。深化机构改革对于国家治理的必然性，充分表明了我党敢于啃硬骨头、坚持问题导向、突出重点领域，建成适应中国特色社会主义新时代要求的国家治理现代化体系的决心和目标。

图 10—2 习近平系列重要讲话中与"国家治理"和"机构改革"
原文相关的关键词比较

（Ⅰ）"国家治理"　　　　（Ⅱ）"国家治理"　　　　（Ⅲ）"机构改革"
相关原文关键词　　　　　和"机构改革"　　　　　相关原文关键词
（样本：56637 字）　　　共同涉及的原文关键词　　（样本：43192 字）

注：基于 R 语言计算（权重 >85%），图中字号大小与文本权重成正比。

第二节　国家治理现代化中的"数字化"进程

一、"数字化"是当前世界发展的总体趋势，也是我国深化机构改革和数字中国建设的核心内容。通过对 3.8 万余字习近平主席系列重要讲话中涉及"数字化"相关原文的分析（图 10—3），可以看出国家对"数字化"比较明显的发展布局：依托世界互联网技术，推动科技和网络创新，加强数字安全和合作，促进经济建设、亚太地区合作、人才培养，缩小我国在农业、教育等方面的差距，依托"十三五"规划，全面深化改革，在融合、共赢的信息化革命中，促进人类命运共同体的体制机制建设。

图 10—3　习近平系列重要讲话中与"数字化"相关原文关键词关联排序计算

（样本：38211 字）

注：基于 R 语言计算（权重 >70%），图中字号大小与文本权重成正比。

二、中国已经是全球数字化进程的领跑者，数字化是全球命运共同体的纽带，要立足全球未来健康持续发展来看待中国的数字化问题。习近平主席所指出的构建人类命运共同体不仅是立足于中国的崛起，更展现了中国作为全世界最大的发展中国家，对维护全球未来健康可持续发展的责任感和使命感。

截至 2017 年 12 月，我国网民规模达 7.72 亿，互联网普及率为 55.8%，其中手机网民规模 7.53 亿，网民手机上网比例还在继续攀升。此外，根据中国互联网信息中心（CNNIC）数据。截至 2017

年 6 月，全球人工智能企业总数达到 2542 家，除美国外中国排名第二，拥有 592 家，占据 23.3%。

同时，我国 5G 技术标准研发引领全球；超级计算机自主研发技术取得突破，我国已连续 4 年占据全球超算排名第一；量子通信和量子计算等领域均已迈入世界先进水平行列。

以上数据表明，我国的数字化进程已经在全球数字化发展中扮演了很重要的角色。数字化形成的大数据不仅仅是一种涉及国家核心利益的战略资源，更是连接地球村的纽带。较之于传统自然资源的独享属性、数字化形成的大数据在共享和连接的情况下更能提升其自身的价值。通过对 3.8 万余字习近平主席关于全球命运共同体（图 10—4）的相关论述可以看出，习近平同志相关讲话着眼于世界各国相互联系、全球命运休戚与共的发展大势，顺应和平、发展、合作、共赢的时代潮流，为全球数字化的未来发展描绘了蓝图。

近几年来，习近平主席多次在国内外重要场合阐述构建人类命运共同体的重要思想。中国所主张构建的人类命运共同体，是由不同国家、不同民族组成的命运攸关、利益相连、相互依存的集合体，深刻揭示了当今国际发展的特征和规律，是数字化时代促进构建平等相待，促成互商互谅伙伴关系的务实方案，为促进世界和平与发展、解决人类社会共同面临的问题贡献了中国智慧和中国方案。

图 10—4 习近平系列重要讲话中与"全球命运共同体"相关的原文关键词
（样本：38735 字）

注：基于 R 语言计算（权重 >75%）。图中字号大小与文本权重成正比。

第三节 从大数据时代背景看深化机构改革

从谷歌搜索词频统计趋势看，2012 年是人类进入大数据时代的重要转折点。当年国际互联网对"大数据"关键词的搜索骤然增长，与 2011 年形成明显的分界线。同年 2 月 11 日，《纽约时报》刊发了专题文章《大数据时代》，指出随着互联网的高速发展，Web2.0时代社交网络以及移动互联的兴起，网络世界的信息数据爆炸性增长，开始对社会各个方面产生深远的影响。截至当前，大数据仍然是全球持续关注的热点之一。特别是近年来，基于大数据基础，引发了人工智能技术的飞跃。我们正在经历一场由大数据引发的社会革命，已成为世界各国的普遍共识。各国政府作为面对新社会革命的主体，就如何进行治理的现代化改革，开展了不同程度的探索。对于我国而言，充分抓住深化机构改革的契机，深入贯彻落实习近平主席系列重要讲话相关精神，加快推进数字中国建设和国家治理现代化进程，有以下几个方面需要注意。

一、推进"数字供给侧"改革，引领"数字品质"革命，促进人与数字的健康融合。我国目前已开始着手从大数据资源建设向打造高品质数据产品的数字供给侧改革。2018年政府工作报告明确指出要实施大数据行动、加强新人工智能研发，推动医疗、养老等涉及民生的多领域"互联网+"，积极推动数字供给侧改革，全面促进数字产品品质革命。同时，《报告》还提出要提高数字公共产品的服务，进一步推进城乡宽带覆盖和速度建设，取消流量"漫游费"，移动网络流量资费年内至少降低30%，让群众和企业切实受益。

《报告》所涉及的最新"数字供给侧"改革紧紧围绕着人的数字化展开。这是"数字供给侧改革"的关键变量。人的数字化使得数字资源成为了国家之间竞夺的新核心战略资源，这也是我国作为全球网民数量第一的国家，能够迅速崛起变成数字强国的重要原因。因此我们要充分认清大数据时代深刻革命的"个人"属性。

大数据时代的深刻革命是个人全方位的革命。以大数据技术为代表的新信息技术发展使个人与社会的互动突破了空间和时间的限制，促使人产生全方位的提升，主要有三个方面：一是个人的技能革命，技术的发展带来经济和社会的高速发展，从而会促使人的技能的全面跃迁。社会个体技能的提高构成了深刻革命的基础动力。二是个人的传播与组织革命，随着移动网络的广泛普及，信息传播成本和传播速度产生了质变。传统的主要依靠组织体系完成的大面积信息传播现在借助个人自媒体就可以轻松完成，实现了从传播靠组织到传播即组织的转变。所谓传播即组织，指的是在传播过程中实现组织功能，这是大数据时代深刻革命过程中出现的新恐怖主义和不对称战争运行原理。三是人的认知革命，大数据时代信息的极大丰富和瞬时通信的便利性使得社会个体原有的认知体系要面对比以往任何时代都要多的互动，从而在社会的层面上会引发更多基于基础认知体系的个人或者群体不确定性。

与此同时，国家对大数据的掌控权在国家主权中发挥了越来越重要的作用。国与国竞争的焦点正从资本、土地、人口、能源的争夺转向对大数据资源的争夺。数字权成为继陆权、海权、空权之后的新国家竞争权力。

在公共领域，个人与数据的融合也加速了国家治理现代化的进程。随着由传统社会向数字化社会的转变，社会大众的发声渠道日趋多元化，参与公共决策，表达利益诉求的方式更加多元和便利，对政府治理的监督变得更加广泛而深入，与国家治理现代化相互促进。

二、化解治理现代化的系统风险、社会公平与政府利益冲突。2017 年，全球法学院联盟（LSGL）组织全球 24 所法学院相关学者对欧盟、巴西、加拿大、美国、冰岛、比利时等地区和国家的数字时代民主与全球化最新情况进行了案例对比研究，结合 LSGL 所提供的多国和地区数字化发展案例，我们发现国家在自身机构改革和推进数字化的治理转型过程中，要处理好三个问题。

首先要防范治理现代化发展过程中的系统风险。一方面是风险反馈机制的随机性。新的技术革命与国家治理体系发展是相互影响和促进的。政府在这个过程中主要呈现出"响应式"的发展特征，即发现新的问题然后再调整。但由于实际过程中技术发展、社会发展与政府发展难以完全同步，往往会出现法律法规相互冲突的局面。特别是在应对高速发展互联网的时候，如果具体行为人看不到明确的法律要求与他的网络空间行为之间的联系，那么法律对他没有约束力，但其造成的行为后果和风险却会以随机的形式转嫁到他人身上。另一方面是大数据时代数字化政府的安全稳定性问题。大数据时代新的技术使得政府越来越多功能可以依靠机器自动完成，但同时也增加了例外事件对整个自动化运行的影响，"黑天鹅"事件甚至会引起大面积政府功能的瘫痪。

其次是大数据时代治理现代化过程中的社会公平问题。主要包含两个方面，一是数字平等权问题。如同传统社会中需要社会福利保障体系维持公平一样，个体的数字能力是存在巨大差别的，是否需要设计数字福利机制保障大数据时代社会个体新的平等权？这将会是各国政府需要考虑的全新问题。二是如何保证算法与程序正义的问题。大数据时代是算法主导的时代，如何保证机器越来越智能的情况下，对政府及公共部门管理和执行程序进行有效监督？这些问题直接关系到深化机构改革和建设数字中国的顶层设计，决定了我国治理现代发展的未来走向。

同时要处理好大数据时代治理现代化过程中政府利益冲突。主要体现在三个方面，一是对政府权力体系新的挑战。正如马克思主义所论述的一样，新的革命本质上是权力的转移，这其中会产生诸多的问题，也是各国政府在治理现代化中面临的最关键的问题。二是新的争议矛盾的解决机制。避免技术革命引发的社会问题向暴力革命转变，要构建新矛盾、新争议的有效沟通平台和解决渠道。三是公共数字系统的整合。大数据时代数据本身成为了最重要的资源，如何对基于数字资源形成的新利益格局进行整合，以形成治理现代化合力，直接影响政府现代化治理改革成败。

三、探索符合本国国情的发展战略。美国采用的是先从政府自身改革再到介入大数据社会发展的路径。从 2012 年至今美国联邦政府进行了四次推动，2012 年奥巴马政府启动了《大数据研究和发展计划》，联邦政府开始推动政府公共部门与大数据的发展，提出用大数据技术改造传统国家治理手段和治理体系的问题。2013 年开始抓数据公开相关部署。2014 年发布《大数据与隐私权：基于技术的视角》，关注数据隐私和信息安全保护问题。2015 年发布《大数据与差别定价》，介入大数据市场的公平问题。2016 年发布《大数据报告：算法系统、机遇与公民权利》，重心转向大数据时代的社会问题。

英国紧随美国步伐，侧重政府对大数据与实业相结合的推动，优化数据驱动的公共决策。2013 年英国政府宣布投资 1.89 亿英镑发展大数据技术，加强数据采集和分析等。同时推动了大数据与农业和医药业的结合。2015 年又推出了在 55 个政府数据分析项目中展开大数据的应用等计划。

法国注重国家数字化整体发展。在 2013 年推出的法国《数字化路线图》中围绕数字化，提出了 5 项将会大力支持的高新技术，重心是数字化促进教育改革和利用数字化提高企业竞争力。

日本利用大数据改造国家治理体系。2013 年 6 月，安倍内阁公布了《创建最尖端 IT 国家宣言》，提出了"创建最尖端 IT 国家宣言"，积极培育新兴产业群，拉动经济的发展。

韩国先于美国采取应对措施，重心是产业培育。早在 2011 年韩国科学技术研究院就正式提出了"大数据中心战略"以及"构建英特尔综合数据库"等。根据韩国数据化振兴发布院发布的《2015韩国数据行业白皮书》，截至 2015 年数据服务市场规模占韩国总行业规模 47%，位列第一。

中国注重均衡发展和社会实际需求。2011 年，工业部发布了我国《物联网"十二五"发展规划》，从物联的角度对即将进入的大数据时代国家相关基础设施体系进行了布局；经过 3 年的积累后，2014 年至 2017 年，大数据的概念连续 4 年出现在《政府工作报告》中。2014 年提出赶超战略后，2015 年 7 月对大数据市场进行了规范，并推出了与社会大众和实业紧密结合的"互联网+"行动。同年 8 月提出了用大数据技术推进产业创新。紧密围绕社会大众实际需求和促进产业的均衡发展，2016 年我国开始大力度推进大数据与医疗、教育、农业、精细化工业生产等各行业广泛深入的创新融合。2017 年，中共中央政治局就实施国家大数据战略先后进行了两次集体学习。习近平主席第二次集中学习中重点强调了要推动大数据技术产业创新发展、构建数字经济、运用大数据提升国家治理现代化水平、运用大数据促进保障和改善民生等。总的看来，我国在大数据时代的治理现代化发展战略是在充分考虑国际发展趋势的前提下，紧密围绕我国当前人民日益增长的美好生活需要和不平衡不充分的发展之间的矛盾开展的。

第四节　实现持续稳定的政府领导力建设

缺乏持续稳定领导力的治理改革难以抵挡新技术革命的冲击。从政府角度而言，在过去的一百多年里，公共部门先后经历了两次重要的治理现代化改革。一是19世纪末20世纪初开始的政府科层制改革，科层制理论最初由德国社会学家马克斯·韦伯（Max Webber）提出，奠定了现代公共组织的管理体系架构基础。二是20世纪80年代兴起的新公共管理运动，主要是在公共部门引入企业管理模式，在组织上对原有大型部门进行分解，减少管理层级，在人员使用上引入企业竞争机制等。两次公共部门改革都是由政府部门出现的危机引起的。科层制改革与当时工业革命时期生产能力的急剧提升，社会对明确政府组织职责、提高政府运行效率的强烈要求密切相关。伴随着科层制改革，同期也是工人阶级开始大规模反抗、罢工兴起的时期，资本家与广大工人的矛盾加剧，对政府的治理能力的考验越来越大，面临着不自我革命即会被社会大众革命的风险。新公共管理革命则与20世纪70年代出现的石油危机密切相关。石油危机带来的经济不景气，促使西方国家政府出现了比较严重的财政危机，倒逼政府自我改革。纵观前两次重要的治理现代化过程，只有在面对社会危机时能保持稳定持续领导力，不断进行自我革命的政府，才真正把握住了时代的脉搏，在工业革命与社会革命相互作用中领导国家迅速发展和走向富强。

　　不断自我革命是持续稳定政府领导力的重要表现形式。在政府领导力的推动下，政府组织的不断自我革命能确保政府自身满足新的生产力与生产关系的需要，从而避免了新技术革命引发的社会矛盾走向激烈化，推动社会的和平稳步发展。"勇于自我革命，从严管党治党，是我们党最鲜明的品格。"在学习贯彻党的十九大精神研讨班开班式上，习近平总书记的讲话蕴含强烈的使命意识和担当精神，彰显了党中央推进全面从严治党的坚定决心和深谋远虑。

后　记

2018 年是改革开放四十周年，又是一个戊戌年，中国从"站起来""富起来"到"强起来"的历史，在这一年时空交汇。改革开放四十周年来，中国的面貌、人民的面貌、社会的面貌都发生了巨大的变化。如何总结历史、剖析当下、发现趋势，这是处在当前这个新历史方位需要思考的大命题。

中国人民大学重阳金融研究院自身就是改革的产物，并且自成立以来，就不断进行自身改革以求报效国家、报效时代，因此，对于改革话题有着切身体悟与敏感。去年，我们在人民出版社出版了《破解中国经济十大难题》一书，从经济增速、乡村振兴、区域发展、创新驱动、房价、民生、供给侧改革、金融改革、环保、外交等十个方面阐述了我们"理解中国改革的方法论"。而今年，时值改革开放四十周年，我们认为，应该更进一层，阐述"理解中国改革的世界观"。因此，我们从世界观的整体思考作为出发点，写作了本书导论《历史与世界维度中的改革开放》一文。并且选取经济结构、金融发展、企业改革、乡村振兴、生态文明、共同富裕、全球治理、"一带一路"、开放格局、数字中国十个能够说明发展趋势的方面，剖析改革成果，尝试发掘其中蕴含的大趋势。其成果即是本书。

本书由中国人民大学校长刘伟教授担任主编并撰写序言。在研究与写作过程，本书课题组还得到了来自改革一线的多位领导和同仁大力指导、支持，难以一一致谢，在此一并表示感谢。

参加本书编写的课题组成员有：

王文、贾晋京、陈晨晨、曹明弟、卞永祖、刘英、程诚、刘玉书、刘典、姚乐、关照宇，以及实习生翟铮、何泉霖。

中国人民大学重阳金融研究院执行院长　王文

2018 年 9 月

策划编辑：曹　春
责任编辑：曹　春　李琳娜
装帧设计：汪　莹
责任校对：吕　飞

图书在版编目（CIP）数据

中国改革大趋势／刘伟　主编．—北京：人民出版社，2018.10
ISBN 978－7－01－019405－9

I.①中… II.①刘… III.①体制改革－研究－中国　IV.①D61

中国版本图书馆 CIP 数据核字（2018）第 119162 号

中国改革大趋势

ZHONGGUO GAIGE DA QUSHI

刘　伟　主编

人民出版社 出版发行
（100706　北京市东城区隆福寺街 99 号）

北京汇林印务有限公司印刷　新华书店经销

2018 年 10 月第 1 版　2018 年 10 月北京第 1 次印刷
开本：710 毫米 ×1000 毫米 1/16　印张：13.75
字数：132 千字

ISBN 978－7－01－019405－9　定价：50.00 元

邮购地址 100706　北京市东城区隆福寺街 99 号
人民东方图书销售中心　电话（010）65250042　65289539